MENTES
DIVERGENTES

Este libro está diseñado para brindar información sobre diversas condiciones y enfoques para su conocimiento personal. No pretende ser completo ni exhaustivo, ni sustituye el consejo de su médico o proveedor de asistencia sanitaria en el ámbito de la salud mental. Debe buscar atención médica de inmediato para cualquier condición o desafío médico o de salud mental específico que pueda tener.
Se han hecho todos los esfuerzos posibles para garantizar la exactitud de la información contenida en este libro a la fecha de publicación. La autora y el editor renuncian expresamente a toda responsabilidad por cualquier efecto adverso que surja del uso o aplicación de la información aquí contenida.
Algunos nombres en este libro se han cambiado para proteger la privacidad de los mencionados.

Título original: Divergent Mind: Thriving in a World That Wasn't Designed for You
Traducido del inglés por Alicia Sánchez Millet
Diseño de portada: Editorial Sirio, S.A.
Maquetación: Toñi F. Castellón

© de la edición original
2020 de Jenara Nerenberg

Publicado con autorización de HarperOne, un sello de HarperCollins Publishers

© de la fotografía de la autora
Jenara Nerenberg

© de la presente edición
EDITORIAL SIRIO, S.A.
C/ Rosa de los Vientos, 64
Pol. Ind. El Viso
29006-Málaga
España

www.editorialsirio.com
sirio@editorialsirio.com

I.S.B.N.: 978-84-19685-88-9
Depósito Legal: MA-2278-2024

Impreso en Imagraf Impresores, S. A.
c/ Nabucco, 14 D - Pol. Alameda
29006 - Málaga

Impreso en España

Puedes seguirnos en Facebook, X, YouTube e Instagram.

JENARA NERENBERG

MENTES
DIVERGENTES

Cómo vivir en un mundo
que no está hecho para ti

Editorial
SIRIO

Para mi familia

Divergente

Adjetivo

1. Tiende a ser diferente o a desarrollarse en direcciones diferentes; «interpretaciones divergentes».

Sinónimos: discrepante, diverso, diferente, desigual, distinto, desemejante, dispar, opuesto.

Índice

Introducción

Cuando regresé a California, después de haber estado seis años trabajando de reportera en Asia, mi hija, que por aquel entonces tenía dos años y medio, me dijo gritando: «Mamá, no paras de ir de un lado a otro». «¡Oh, Dios mío! —pensé— ella me *ve*; no tengo ni idea de qué caray estoy haciendo, y se ha dado cuenta». Ese mismo año, los Institutos Nacionales de la Salud anunciaron que iban a conceder subvenciones por valor de más de diez millones de dólares para contrarrestar los prejuicios de género en la investigación. Ojalá me hubiera enterado en aquel momento, porque me habría ofrecido voluntaria para los experimentos. Tenía ansiedad, estaba deprimida, confusa, cansada y atormentada por un persistente sentimiento de inadecuación y de que, por alguna razón, no estaba siendo yo misma. Llevaba a mi hija a su nueva guardería y sentía como si estuviera llevando una máscara de cara al resto de los padres y madres, por temor a que se dieran cuenta de lo inepta que era. Entretanto, el aumento de la tensión con mi marido me ponía todavía más difícil gestionar el caos de mis sentimientos y el caos de los platos y la colada.

No tenía palabras, allí estaba yo, toda una licenciada de la Facultad de Salud Pública de la Universidad de Harvard y de la Universidad de California, en Berkeley, y reportera de la CNN, de la revista *Fast Company*, de la web Healthline y con otras empresas en mi haber, y, sin embargo, por más que lo intentara, era incapaz de planificar un horario decente y ceñirme a él, ponerme al día con las tareas domésticas o mantener conversaciones logísticas con mi esposo.

Mientras tanto, entre 2013 y 2016, se publicaron numerosos artículos en los principales canales de noticias sobre cómo se excluía sistemáticamente a las mujeres adultas de las investigaciones sobre el trastorno por déficit de atención e hiperactividad (TDAH) y el autismo. La escritora y activista en el ámbito del TDAH, Maria Yagoda, publicó una historia[1] en *The Atlantic* sobre cuando era estudiante en la Universidad de Yale y le costaba mucho realizar una serie de tareas de funcionamiento ejecutivo, desde limpiar hasta no perder cosas y dinero o controlar a qué hora tenía que estar en un sitio. La gente no se creía que pudiera tener TDAH porque era «muy inteligente». La empresa de telecomunicaciones Spectrum publicó una historia similar sobre niñas y mujeres autistas; una joven llamada Maya, a quien los especialistas le habían diagnosticado ansiedad grave y otros problemas, al final resultó ser autista.

Creo que Facebook estaba escuchando mis conversaciones con mis familiares y terapeutas porque, de pronto, empezaron a aparecer artículos y libros en mi sección de noticias y anuncios sobre mujeres con TDAH o «síndrome» de Asperger y personas altamente sensibles (PAS). Empecé a descubrir nuevas investigaciones sobre los problemas de salud mental de las mujeres de «alto rendimiento» y me quedé fascinada. Cautivada. Totalmente enganchada a lo que estaba leyendo. Porque me di cuenta de que no estaba sola.

Todos los estudios indicaban altos índices de depresión y ansiedad entre las mujeres de «éxito», pero también comenzaban a aflorar otros rasgos, como el TDAH y el autismo. Nunca había pensado en ello antes, pero no podía negar que lo que estaba leyendo me resultaba familiar. Yo era «sensible», solo me gustaba hablar de unos pocos temas seleccionados (gente, psicología y vida interior: mis «intereses especiales»), la logística siempre había sido un lenguaje desconocido para mí y la palabra *enmascarar* afloraba constantemente ante mí y describía una experiencia que no era capaz de realizar o de admitir.

De modo que empiezo este libro compartiendo el estado de confusión que me asediaba en aquella época: un sentimiento de conmoción y disonancia, pero también de esperanza y alivio. ¿Podría ser que perteneciera a algún tipo de variedad sensorial, como la del autismo? ¿O tenía TDAH? Ambas opciones parecían viables. Pero no buscaba una evaluación, un diagnóstico, una confirmación ni nada por el estilo. Por el contrario, me interesé por las investigaciones, los estudios, los artículos en las noticias y un sinfín de entrevistas e historias de mujeres que sentía que se parecían mucho a mí.

Enmascarar

El verbo *enmascarar* se refiere al esfuerzo consciente o inconsciente de ocultarse y esconder la propia identidad ante el mundo, en el intento de complacer a los demás y coexistir con ellos. Las investigaciones y las pruebas anecdóticas demuestran que las mujeres y las niñas enmascaramos y «pasamos desapercibidas», principalmente, porque es así como nos han socializado. Según los investigadores e investigadoras y las muchas mujeres que he entrevistado para este libro, desde muy temprana edad se nos enseña a «integrarnos». Estamos acostumbradas a oír: «Bueno, es muy sensible. Así son las chicas». Es una falta de rigor imperdonable, pero muy extendida en nuestra cultura.

Enmascarar tiene un coste muy alto en vidas, y con esto no me refiero necesariamente a que haya muchas mujeres que se suiciden (aunque también puede suceder), sino a que pueden cometer una especie de suicidio virtual, que conduce a que muchas se sientan vacías, estén deprimidas o angustiadas y sientan que se les está impidiendo vivir según su verdadero yo. Si la sociedad no está preparada para ofrecerte un buen espejo que esté a tu altura, terminas interpretando tu reflejo de acuerdo con la visión, las estructuras y la terminología que tienes a tu alcance. Pero estas suelen ser erróneas, o peor aún, nocivas.

La profundidad de mi curiosidad, sensibilidad, asombro persistente y ganas de preguntar —mi sed insaciable de saber y entender— no está reflejada en la cultura dominante, ni siquiera en el ámbito académico. Siento una tremenda curiosidad por la vida interior de otras personas y muchas ganas de entenderlas, lo cual a menudo se traduce en que hago miles de preguntas (afortunadamente, estudié periodismo), pero así no es como la gente hace amigos. Tardé mucho tiempo en darme cuenta de ello. Pero en vez de aceptar que era curiosa, apasionada e inquisitiva, me sentía diferente y aislada. Gradualmente, fui permitiendo que mis maneras y gestos se asemejaran a los que veía en los demás y que percibía en los mensajes que me enviaban: concretamente, no hagas demasiadas preguntas personales, no hables demasiado, no sueltes monólogos de larga duración sobre temas filosóficos.

Con el paso del tiempo, cambié; parte de ese cambio probablemente fue debido al proceso de maduración natural, pero, sin lugar a dudas, también supuso un proceso de adaptación doloroso y necesario. Tuve que «enterrar» una gran parte de mi curiosidad y me centré más en leer y en otras formas independientes de explorar la magnitud de la mente, lo que implicó pasar menos tiempo con otras personas y más tiempo sola. Esto no es malo en y por sí mismo, pero en aquel momento, me regía por un sistema binario de «anormal» y «normal», y creía que esas eran mis únicas opciones para coexistir en el mundo. Todavía no tenía ni idea de la amplia diversidad de estructuras cerebrales existentes ni de las formas en que interactúan las personas. De modo que al no decirme nadie lo contrario, sin espejos adecuados que reflejaran quien era, enmascaré y reprimí.

Esto les sucede a mujeres de todo el planeta. En el pasado, se nos había tachado de «histéricas», pero ahora se dice que sufrimos de ansiedad. Lo que muchas mujeres no saben, y esto incluye a los médicos y terapeutas con los que interactuamos, es que tenemos otros espejos a nuestro alcance que reflejan partes de nosotras que antes estaban ocultas.

Se dice que los sentidos pueden ser la puerta del alma, y yo me lo tomo en un sentido muy literal. La vista, el oído, el gusto, el tacto y el olfato corresponden a nuestra salud o padecimiento mental, dependiendo de nuestro grado de sensibilidad. Imagina una cebolla, con todas sus múltiples capas: en el centro de nuestro ser están nuestros genes, nuestra biología y nuestras experiencias de la infancia, pero también nuestra constitución sensorial, es decir, la forma en que nuestro sistema nervioso responde a nuestro mundo sensorial e interactúa con él, lo que nos encanta y lo que nos repele. Con el tiempo, a lo largo de nuestra vida, todos estos componentes interactúan y producen capas de emociones con sus correspondientes conductas. Cuando alguna de nosotras termina en un terapeuta o en la consulta de un médico por ansiedad, depresión o problemas autoinmunes, nuestras opciones están limitadas a terapia conversacional o medicación porque solo se han investigado estas capas externas de emoción y de conducta. Hemos ido por la vida y por nuestras profesiones pensando que conocíamos toda la lista de posibles criterios de diagnóstico, pero en ellos no se incluyen los sentidos, y por consiguiente, un componente muy esencial de lo que nos hace ser quien somos ha quedado totalmente relegado.

Muchas personas tienen imágenes estereotipadas y anacrónicas del autismo y el TDAH, y es importante recordar que existe toda una gama de experiencias. Es probable que puedas aplicar estas etiquetas a personas que forman parte de tu vida, tal vez tu jefe, vecino, amigo o amiga, familiar o incluso a ti misma. Lo que básicamente echo en falta es un punto en común respecto a la diversidad de formas en que las personas procesan los estímulos sensoriales *y, específicamente, el reconocimiento de que existen muchos casos de alta sensibilidad.*

A algunas personas puede que les baste con dejar esta conversación en el punto que la dejó la experta exploración que realizó Elaine Aron, en su libro de 1996, *El don de la sensibilidad: las personas altamente sensibles.* Pero yo no: quiero que la psicología y la psiquiatría desarrollen más los temas relacionados con la sensibilidad, para que averigüen cómo afectan al trabajo, a la vida familiar, a la educación, a las oportunidades económicas, a las relaciones íntimas y a la crianza. El público y los profesionales han de entender que las personas con diferencias sensoriales —como el autismo, el TDAH y algunos otros rasgos «neurodivergentes» que veremos en este libro, como el trastorno de procesamiento sensorial (TPS), las personas altamente sensibles (PAS) y la sinestesia—, experimentan una alta sensibilidad en todos los ámbitos y que estas diferencias afectan a casi todos los aspectos de sus vidas.

Muchas de estas mujeres neurodivergentes sufren, puesto que muchas veces estos rasgos se manifiestan acompañados de ansiedad y depresión, especialmente si las diferencias sensoriales subyacentes permanecen sin diagnosticar. El verdadero alcance de estas diferencias (que a menudo merecen un diagnóstico) no solo suele pasar desapercibido para los amigos y familiares, sino también para *las propias interesadas.* Una de las mujeres que entrevisté, licenciada por la Universidad de Columbia, no recibió un «diagnóstico» hasta los veintiocho años. Asimismo, una madre de California no fue consciente de sus propios rasgos autistas y de TDAH hasta los cuarenta, que fue cuando diagnosticaron a su hijo; entonces, reconoció que los síntomas de su hijo eran los mismos con los que ella había estado lidiando toda su vida. Yo me di cuenta de mis neurodivergencias a los treinta y dos años porque empecé a interesarme por los últimos estudios científicos.

Hay todo un sector demográfico de mujeres, conocido ahora como la «generación perdida»,[2] que está saliendo a la luz, porque se están diagnosticando muchos casos de depresión y de ansiedad a raíz de experiencias internas que no coinciden con lo que el mundo espera de esas mujeres o con la imagen que se tiene de ellas, dado que aparentemente actúan con «normalidad». Esta falta de conciencia y de comprensión se debe en gran medida a la negligencia por parte de los investigadores, porque los sujetos que participan en los estudios se reducen a poblaciones de hombres; por consiguiente, los médicos, terapeutas, profesores y policías no saben qué «aspecto» tiene o cómo actúa una mujer con TDAH, aspérger, sinestesia, TPS o PAS. La consecuencia de ello es que miles de mujeres no tienen palabras para expresar sus experiencias y sentimientos.

Cuando comencé a plantearme preguntas, empecé a profundizar motivada por querer ponerle un nombre, una etiqueta, a mi experiencia en el mundo: cómo me «presento» ante los demás, cómo reaccionan mi mente y mi cuerpo ante ciertas situaciones y, lo más importante de todo, por qué me he sentido tan mal respecto a mí misma.

La neurodiversidad: el punto de inflexión

Un día, en un vuelo desde Corea del Sur a Nepal, empecé a imaginar que podría haber más gente como yo: ¿y si había otras formas de «ser» en el mundo que todavía no tuvieran nombre o clasificación, especialmente para las mujeres? Creé la expresión *derechos temperamentales* para plasmar la idea de que se ha de respetar nuestro temperamento o constitución neurológica de la misma manera que respetamos otros aspectos esenciales de las personas, como el género, la sexualidad o la identidad étnica. Empecé a imaginar un mundo donde la riqueza interior del ser humano —lo que denominamos nuestra «vida interior»— fuera reconocida y respetada con la misma conciencia de diversidad que vemos en las clasificaciones de identificación, como la raza, la cultura, la tendencia sexual y el género.

Si los audaces líderes y activistas que me precedieron se unieron para reconocer la importancia de estas categorías externas, ¿no podríamos hacer lo mismo con las categorías de identificación internas? ¿No merece nuestra vida interior la misma atención que la exterior? Tener una vida interior y un mundo emocional interno es universal, es algo que todos poseemos. Y algo como el TDAH o la alta sensibilidad puede presentarse en cualquier persona: hombres y mujeres, blancos y de color, transgénero y cisgénero.

Mi forma de ser propició que enseguida me pusiera a buscar por Internet si había otras personas que hablaran de esto. No tardé demasiado en hallar el término *neurodiversidad*, que significa reconocer y celebrar la diversidad de la estructura del cerebro en vez de favorecer a unos como «normales» y patologizar a otros como «anormales».

Lo que sucedió a continuación fue uno de esos momentos de mi vida que todavía me persiguen, de la mejor manera posible. Hacía algún tiempo que observaba a un hombre bastante llamativo que, todos los días, a primera hora de la mañana, paseaba por mi calle junto con su hija. Percibía alegría en su interior, libertad, una forma de caminar que indicaba apertura, calma y conexión. Destacaba su eterna sonrisa. Me cruzaba con él casi a diario, cuando llevaba a mi hija a la escuela. Un día, al cabo de unos meses, en Asia, cuando estaba sentada delante de mi ordenador y descubrí la neurodiversidad, ¡me apareció el rostro de ese hombre en la pantalla! Resultó ser Nick Walker, un conocido autor y experto en neurodiversidad, que vivía a pocas manzanas de mi casa. Al mismo tiempo, y gracias a los algoritmos de Twitter (ahora X), encontré los tuits del autor y experto en neurodiversidad Steve Silberman, y empecé a ahondar en lo que marcaría los siguientes años de mi vida: una exploración e investigación sobre la neurodiversidad.

La sensibilidad

El libro de Silberman, de 2015, *Una tribu propia. Autismo y aspérger: otras maneras de entender el mundo*, es un relato histórico que se centra principalmente en los niños y hombres con la neurodivergencia del autismo, pero yo me incliné por investigar sobre las mujeres adultas y varias neurodivergencias que tienen en común la alta sensibilidad. En mi investigación, descubrí que el rasgo de la sensibilidad en las mujeres adultas casi parece ser sinónimo de neurodivergencias en el desarrollo.

La *sensibilidad* implica una reacción exagerada a los estímulos externos: experiencias, ruido, chácharas, la expresión emocional de otras personas, sonido, luz u otros cambios ambientales. La sensibilidad y la alta empatía son experiencias que comparten muchas mujeres, pero algunas experimentan estas cualidades en grados más graves y no son conscientes de que pueden ser un indicador de aspérger, TDAH, PAS u otros rasgos. (Nota: Aunque utilice la palabra *mujer* porque se usa en los estudios académicos, la experiencia de la sensibilidad y la experiencia de cualquier mujer, en general, es evidente que no tiene sexo, es no binaria y se puede aplicar igualmente a las mujeres transgénero y cisgénero).

El uso que Elaine Aron hace de la expresión *alta sensibilidad* en su libro *El don de la sensibilidad: las personas altamente sensibles*, es para referirse a las personas que tienen la característica de procesamiento profundo de la información externa, es decir, que tienen *sensibilidad de procesamiento sensorial* (SPS), que es el nombre científico para la persona altamente sensible (PAS). Para alguien con aspérger, la sensibilidad puede implicar abrumarse cuando está sometido a un exceso de estímulos. Y para alguien con TDAH, una característica común, pero desconocida, es la sensibilidad a las propias emociones y a su regulación. A la persona con TPS, ciertos olores o texturas pueden provocarle una reacción desproporcionada. Y a aquella con sinestesia (sinestésica o sinésteta), la presencia de sufrimiento o de emociones fuertes en los demás puede desbordarla, un aspecto de la sinestesia denominado «tacto-espejo». Es interesante observar que estas cinco neurodivergencias —PAS, TDAH, autismo, TPS y sinestesia— suelen conllevar algún tipo de «fusión» emocional —estallidos, migrañas repentinas, arrebatos de ira...— debido a una sobrecarga sensorial.

Una vez que entendemos la sensibilidad y su conexión con la neurodiversidad, las mujeres sensibles ya no tienen que ir por ahí guardando secreto sobre lo que saben que sienten y experimentan cada día: absorbiendo ingentes cantidades de información sobre su entorno, incluidas las personas que hay en él, y *procesar somáticamente todos esos estímulos*. Por fin, la ciencia se ha puesto al día con nuestra experiencia real, y ya no tenemos que seguir ocultándonos en un armario por miedo a que nos tachen de «locas», demasiado emocionales o no suficientemente académicas.

En *Mentes divergentes* exploro los detalles específicos de cinco neurodivergencias que giran en torno a la sensibilidad —PAS, TDAH, autismo/aspérger y sinestesia— y cómo se pueden aplicar las nuevas visiones y reflexiones a la vida cotidiana y a la sociedad en general. Nos sumergiremos en los mundos de las mujeres que se han pasado la vida enmascarando *sin saberlo*. Debido a la forma en que se nos socializa para ser «aceptadas» y que sepamos interpretar las señales que nos manda la sociedad, los rasgos subyacentes del autismo, TDAH u otras constituciones neurológicas *básicamente se pasan por alto*.

Volvamos a la neurodiversidad, la comprensión de que las diferencias mentales simplemente se han de ver tal como son, sin juzgarlas como mejores o peores, normales o anormales. Como sociedad, necesitamos un cambio en nuestra manera de pensar en lo que respecta a todas las constituciones neurológicas —incluidas las que conocemos como trastorno bipolar y esquizofrenia—, pero este libro se centra básicamente en cinco «diferencias de procesamiento sensorial», con la sensibilidad como protagonista, que se suele clasificar como condición relacionada con diferencias en el «desarrollo» (con la excepción de las PAS). La neurodiversidad es un cambio de paradigma que empodera a las mujeres para seguir adelante, ser vistas, entenderse mejor a sí mismas y reivindicar con orgullo su identidad.

Mentes divergentes también destaca la imperiosa necesidad de hacer que nuestras definiciones de «salud mental», «trastorno» y «enfermedad mental» evolucionen. Por ejemplo, ¿es el TDAH un «trastorno» o simplemente una forma que adopta el cerebro en nuestra especie como parte de la gama natural de diversidad cerebral humana, del mismo modo que la biodiversidad incluye muchas plantas, colores y fauna en un ecosistema? Otras preguntas que analizaremos son: ¿cómo creamos espacio para la variedad de cerebros humanos y constituciones sensoriales que vemos? o ¿qué sucede cuando dejamos de considerar las diferencias como una enfermedad? Veremos que el resultado suele ser la creatividad, la innovación y el florecimiento personal. Al adoptar el concepto de

neurodiversidad, podemos empezar a ver las diferencias cerebrales y sensoriales como cualquier otra diferencia que aceptamos y
celebramos.

Además, ¿cómo influye el saber que las personas neurodivergentes suponen *al menos* el veinte por ciento de la población para
empezar a cambiar nuestro concepto de «normal», «trastornado»
o «enfermo mental»? Tal vez, en realidad, estemos hablando del
conjunto de la *humanidad* más que de «neurotípicos» frente a «neurodivergentes». Dado que hay tantas personas neurodivergentes
sin diagnóstico, tal vez estemos contemplando un concepto totalmente distinto de lo que implica ser humano.

Este cambio de paradigma podría ayudar a miles de mujeres
de todo el mundo que viven con neurodivergencias sin diagnosticar
o mal diagnosticadas a ahorrarse años de morbilidades asociadas
innecesarias, como la depresión, la ansiedad, la vergüenza, la culpa,
la baja autoestima y la visión distorsionada de sí mismas. Aceptar
la neurodiversidad puede mejorar espectacularmente todos los aspectos de nuestra vida.

La conversación

Lo que consideramos patología es en su mayor parte un construc-
to[*] mental y un producto de la época en que vivimos. Los especialistas en salud mental dedican sus carreras a reconocer los parámetros exactos que definen ciertos «diagnósticos», y cuando dos
o más diagnósticos empiezan a superponerse o chocan entre sí, se
vuelven territoriales, se ponen a la defensiva y se protegen. Puede
resultar extraño o ridículo, pero es cierto. Es imprescindible que el
lenguaje y el vocabulario de la neurodiversidad —la comprensión de

---

[*] N. de la T.: Idea o teoría que contiene varios elementos, pero que se suele considerar
subjetiva, que no se basa en evidencia empírica.

que existe una gama natural de constituciones cerebrales— empiece a introducirse no solo en el ámbito médico y psiquiátrico, sino en nuestro lenguaje coloquial.

Hemos de preguntarnos: «¿Por qué la forma en que prestamos atención determina nuestras perspectivas laborales y nuestra satisfacción en la vida?». Si te sucede como a mí que prestas atención ya sea en oleadas o abrumadoramente a una sola cosa (lo que se denomina «hiperconcentración»), tus maestros o jefes quizás empiecen a darse cuenta de que no sigues la «norma». Entonces, inconscientemente, comienzas a corregir y a adaptar (enmascarar) para asegurarte tu supervivencia. Así inicias un ciclo de censuras, de intentos de adaptación y, en general, de alterar la forma de actuar de tu «yo» en el mundo, lo que te conducirá a la depresión, a la ansiedad, a estar quemada o cosas peores. (La correlación entre la neurodivergencia y los pensamientos suicidas es impresionante). También es más probable que te despidan de los trabajos y que acabes teniendo problemas económicos. No obstante, siempre has sabido que eres capaz de funcionar bien en ciertas áreas, especialmente en entornos laborales poco convencionales. Todo esto nos presenta un cuadro confuso, y tal vez llegues a preguntarte, como hice yo: «¿Qué demonios está pasando?». Tu confianza en ti misma y tu autoestima se desploman y empiezas a cuestionarte muchas de tus antiguas experiencias y contextos para entenderte a ti misma y a la sociedad.

En un encuentro presidido por Krista Tippett, del programa de la radio pública *On Being*, donde un grupo de mujeres y yo compartimos nuestras historias, una mujer que estaba sentada delante de mí empezó a llorar porque su hija se había suicidado hacía unos pocos años y esas conversaciones íntimas la estaban ayudando a aceptar sus sentimientos de vulnerabilidad. Cuando comenzó a describir a su hija, le expliqué algo de lo que había estado aprendiendo sobre las diferencias sensoriales, y ella gritó: «¡No lo sabía! ¡No lo sabía!». Para su hija y para otras muchas mujeres, lo que parece «malo» o una conducta «fallida», a veces, es una respuesta a una abrumadora cantidad de estímulos sensoriales, pero lo único que tenemos en cuenta es la conducta externa. Es imprescindible que nos cuestionemos la ansiedad, la depresión o la conducta «inapropiada» a través de esta nueva comprensión y de las investigaciones sobre los problemas de salud mental relacionados con los sentidos.

En mis entrevistas a mujeres para este libro, he escuchado una y otra vez cómo había cambiado su vida descubrir herramientas y técnicas sencillas que les ayudaran a regular sus emociones con sus correspondientes conductas. En este libro no solo conocerás esas herramientas, sino también lo que está sucediendo en los mundos de la arquitectura, el diseño, la realidad virtual y otros, para que mujeres como nosotras puedan respirar y caminar en paz, felices y con sentido de lugar.* Estamos creando un ecosistema totalmente nuevo donde podremos prosperar. Florecen proyectos empresariales creativos y colaboraciones por todo el planeta. Las mujeres como nosotras están definiendo nuevas identidades, nuevas culturas, nuevas formas de comunicarnos e interactuar, de maneras que se adapten a nuestro temperamento.

¿Y sabes qué? No es solo para nosotras. A medida que innovamos, nuestras formas de hacer se van transmitiendo al resto de la población. Nuestro modo de ver, describir, interpretar, diseñar, educar o colaborar se empezará a considerar como algo más que meramente «diferente» y poco a poco, pero con paso firme, nos

---

* N. de la T.: El sentido de lugar implica una orientación personal hacia un lugar; la comprensión personal y los sentimientos se fusionan para construir significados sobre el entorno. Solo cuando un lugar nos evoca sentimientos podemos crear sentido de lugar. (Fuente: www.scielo.org.mx).

iremos convirtiendo en una norma mediante la cual el mundo que antes nos era ajeno y nos excluía comenzará a ser nuestro hogar, como una piel en la que por fin nos sentimos cómodas. *Mentes divergentes* es para gente neurodivergente, pero también para amigos, educadores, padres, médicos, socios y compañeros de trabajo de esas personas.

Una alusión al lenguaje

Torpeza social es una expresión que últimamente se está poniendo de moda, pero creo que hemos de tener cuidado con ella. Si nos referimos a la neurodivergencia como una forma de torpeza social, estaremos reforzando el concepto de «normal» y «anormal» y la preponderancia del actual neurotípico. Si pretendemos avanzar hacia un lenguaje y un contexto de neurodiversidad amistosa, deberíamos eliminar la expresión *torpeza social. Todos somos sabores distintos de la esencia de ser humanos.* No hay una forma de ser «correcta», «buena» o «estándar». Hay tendencias, es cierto, y para ello tenemos la etiqueta «neurotípico», pero a medida que aumenta el número de estudios sobre las variaciones individuales de nuestro cerebro y nuestro temperamento, estoy convencida de que cada hebra de constitución cerebral será considerada sencillamente como tal, de la misma manera que cada color es considerado como lo que es, sin que uno sea más «normal» que el otro.

Lo dicho es importante para entender los términos básicos utilizados en este libro. El término *neurodiversidad* fue propuesto por primera vez por la socióloga australiana Judy Singer, a finales de la década de 1990, para denominar la variedad de estructuras cerebrales que engloba la especie humana. La necesidad de considerar patológicos unos cerebros sí y otros no ya no sería tan necesaria bajo el paraguas de este término, y su diversidad inherente, sencillamente, reconocería las diferencias naturales. Steve Silberman popularizó el término en su libro pionero, *Una tribu propia. Autismo y aspérger: otras maneras de entender el mundo*, que se centra en la historia del autismo y en el futuro potencial de pensar y actuar de acuerdo con el paradigma de la neurodiversidad. El educador y experto en autismo Nick Walker demostró ser un gran aliado de Silberman y un gran apoyo para él y para otros defensores de la neurodiversidad. El conocido blog de Walker, *Neurocosmopolitanism,* es una fuente inmejorable de vocabulario y definiciones para estos y otros términos.

Si *neurodiversidad* es el término paraguas (un hecho para la especie humana), *neurodivergente* es el que se aplica a las personas. Si alguien ha sido etiquetado con algunos de los siguientes términos o se identifica con ellos: individuo con *TDAH*, *autista*, *bipolar*, *disléxico* o algún otro «diagnóstico», se dice que es neurodivergente. Dentro de un contexto de neurodiversidad, cualquier persona que posea o se identifique con una «enfermedad mental» o «trastorno del desarrollo», puede ser considerada neurodivergente. (Muchas veces, la gente no tiene etiqueta o diagnóstico, pero sí un fuerte sentimiento de que es diferente de los demás).

Una persona neurodivergente tiene lo que denominamos *neurodivergencia*: el grupo de conductas o signos que condujo a que esa persona llevara esa etiqueta o se le hiciera ese diagnóstico. Por ejemplo, puede que te identifiques como una PAS o sinésteta, y te referirás a estas condiciones como tus neurodivergencias. Este cambio en el lenguaje y en el relato te empodera y es menos nocivo.

Alguien que no tiene ninguna neurodivergencia es *neurotípico*. Las personas neurodivergentes suelen usar este término para diferenciar los estilos de comunicación, las expectativas y el trabajo que surge en sus relaciones con ese tipo de personas.

La organización y la defensa que se han desarrollado para dar apoyo a la neurodiversidad y a su aplicación en los centros de enseñanza, en los puestos de trabajo y en el ámbito de la familia se conocen como *movimiento de la neurodiversidad*. Muchas personas comparan este movimiento al tipo de cambios y de comprensión que se consiguió con el movimiento de los derechos civiles, el de los derechos de la mujer y el de los derechos del colectivo LGTBI. Estos movimientos comparten un lenguaje, aunque hay que reconocer que el contexto y las condiciones varían.

La llegada de un contexto de neurodiversidad, situado en la historia de la psicología y la psiquiatría, plantea preguntas de suma importancia. Con el «aumento» de las neurodivergencias modernas, como el TDAH y el autismo, por ejemplo, ¿cómo vamos a responder? Para empezar, ¿cómo enmarcamos la neurodivergencia? ¿Vamos a aprender de la historia y a adquirir una perspectiva más amplia que incorpore un prisma social y contextual o nos centramos en las personas? ¿Son estos términos simplemente las expresiones históricas más recientes del choque de la orientación natural del individuo contra las expectativas de la sociedad? ¿Y qué nos indica este gran incremento en los índices de neurodivergencias respecto a nuestra sociedad actual?

A partir de ahora

El movimiento de la neurodiversidad se está afianzando en organizaciones, escuelas, corporaciones, agencias de diseño, terapias, familias, compañías de tecnología puntera, empresas de arquitectura y universidades de la Ivy League. Hay toda una variedad de disciplinas que están empezando a cruzar ideas, y con frecuencia las personas que están al mando en dichas colaboraciones también son neurodivergentes. ¿Por qué? ¿Y por qué ahora?

A medida que nos vamos alejando de los conceptos que habíamos albergado hasta ahora respecto a los roles de género, la identidad, la expresión sexual, la raza y la etnia, también estamos empezando a liberarnos de las definiciones y expectativas *sobre cómo hemos de pensar y actuar en el mundo*. La persona con TDAH fusiona sus intereses varios en un centro de investigación académica en una universidad de primera clase. El maestro autista fomenta más movimiento en el aula para dar expresión plena a los movimientos de la mano o «estereotipias»,* para ayudar a las personas con sensibilidades sensoriales. El sinésteta aprovechará la ciencia de la realidad virtual para realizar una progresión de acordes al escribir una canción nueva. El arquitecto altamente sensible diseñará nuevos espacios favorables no solo para las PAS, sino para la salud mental, la calma y el bienestar del público en general. El diseñador de moda con TPS creará ropa más cómoda para niños, niñas, padres y madres.

Por tanto, es esencial entender cómo actúa la sensibilidad, —que es la causa de muchas de las neurodivergencias actuales—, cómo se visibiliza y cómo podemos honrarla, junto con el contexto de la neurodiversidad, para conseguir una curación generalizada, especialmente para las mujeres. No podemos pasar por alto los aspectos sensoriales que dominan las descripciones de tantas de las etiquetas que existen hoy en día, porque nos aportan información importante sobre el funcionamiento de la sociedad y sobre lo que no funciona para una buena parte de la población.

Este libro

Mi formación como periodista y mis experiencias personales son lo que ha dado forma a este libro. Como fundadora del Proyecto

---

* N. de la T.: Son los movimientos o sonidos repetitivos que utilizan las personas autistas para autoestimularse.

para la Neurodiversidad, que consiste en una serie de encuentros comunitarios y de actos de autores para la investigación progresista en la medicina, el diseño, las artes y la psicología, he aprendido mucho integrando la investigación y la experiencia personal, y observando la curación en la comunidad. En este momento de nuestra historia, se están realizando investigaciones exhaustivas sobre los rasgos individuales (todos hemos leído noticias sobre el TDAH o el autismo), pero ¿cómo es la imagen global de la neurodiversidad, especialmente para las mujeres? Creo que se evitarían años de sufrimiento si se estudiara mejor a las mujeres y las nuevas investigaciones se dieran más a conocer.

Básicamente, he escrito este libro para empoderar a las mujeres que sienten que son «diferentes» de la «norma», pero que ni en un millón de años pensarían que «tienen» TDAH, aspérger o algún otro rasgo neurodivergente. ¿Cómo podrían, si los estudios apenas las han tenido en cuenta, es decir, apenas se han centrado en las mujeres? Este libro es para aquellas mujeres, familiares, amigos, compañeros y compañeras de trabajo, y el resto de las personas que las rodean, que pronto sabrán que son neurodivergentes. Poder al fin dar nombre a una experiencia es increíblemente terapéutico y liberador. Cuando estas mujeres se den cuenta de quiénes son, y el mundo acepte lo que las hace únicas, tal vez podamos beneficiarnos de sus dones, porque no se trata solo de aliviar el sufrimiento, sino de la oportunidad de mejorar como sociedad.

Sabemos que hay libros de sociología, neurociencia, salud mental y bienestar que están relacionados con este tema. El libro de 2012 de la autora Susan Cain, *El poder de los introvertidos en un mundo incapaz de callarse,* impulsó la revolución de la introversión, y el de Steve Silberman, *Una tribu propia. Autismo y aspérger: otras maneras de entender el mundo*, indagó en los orígenes del autismo y en el potencial del contexto de la neurodiversidad. El de Brené Brown,

Frágil: el poder de la vulnerabilidad y otros libros, nos han mostrado el poder transformador de revelar nuestras vulnerabilidades internas, mientras que *El don de la sensibilidad: las personas altamente sensibles*, de 1996, de Elaine Aron, nos ha aportado por primera vez un lenguaje no patológico de la sensibilidad.

Mentes divergentes asume la tarea de exponer los mundos interiores ocultos de aquellas personas que son diferentes sensorialmente y de pedirle al mundo que escuche y cambie de rumbo. Embarca a los lectores en el viaje de imaginar cómo sería el mundo si se aceptaran las neurodivergencias de todo tipo. ¿Crearía la tía «loca» obras de arte extraordinarias para la venta, mientras vive en la habitación de invitados de casa de su hermana? ¿Podría por fin medrar la compañera de trabajo que tiene TDAH, si su don de la flexibilidad y para resolver problemas fuera reconocido por sus jefes y compañeros, y se convirtiera en la persona de confianza en los momentos de crisis? ¿Una mujer autista tendría la oportunidad de ganarse el respeto del público como oradora internacional, por sus percepciones innovadoras sobre su «interés especial», como ha demostrado la estudiante activista por el cambio climático Greta Thunberg?

Como sociedad nos estamos desmoronando porque estamos estancados en un modelo de funcionamiento despersonalizado y anacrónico, que sencillamente no tiene en cuenta a un importante sector de la población que llamamos neurodivergente. Este libro revela las razones por las que hay tantas mujeres que afrontan la vergüenza, la culpa y una mala imagen de ellas mismas, en una sociedad neurotípica que no les ha concedido su sitio. Todo cambia cuando se reconocen estas diferencias sensoriales invisibles y se habla de ellas en voz alta. Cuando las mujeres reconozcan la verdad, podrán dar un salto evolutivo formidable en su vida.

Primera parte

LOS MUNDOS INTERIORES

Capítulo 1

La mente femenina a lo largo de la historia

Las palabras, el lenguaje, las definiciones y el contexto actúan como transmisores: permiten la entrada de significado, ponen límites, mantienen implicaciones no deseadas a distancia y, en general, dan o restan poder. Cuando reflexionamos sobre el uso que hacemos de la expresión *enfermedad mental*, por ejemplo, deberíamos hacer una pausa y plantearnos algunas preguntas. ¿Quién acuñó esta expresión y cuándo lo hizo? ¿Era un hombre? ¿Un científico, pastor, fontanero o granjero? ¿Cuáles eran las circunstancias en el momento en que se empezó a utilizar? ¿Existía la esclavitud? ¿El matrimonio infantil? ¿Se practicaban lobotomías?

Te suplico que te tomes en serio las preguntas sobre el lenguaje, no porque tengas que convertirte en una experta en historia o lingüística, sino porque analizar este tipo de preguntas y responderlas ayuda a que se produzcan cambios sociales de mayor alcance. Si tu definición de mente se ha quedado «anclada» en un punto de vista desfasado o si la forma en que los médicos e investigadores contemplan la mente no ha evolucionado, hazte más preguntas para empezar a tallar y a relajar ese mundo hipercrítico y a menudo privado de las emociones interiores.

Los campos de la medicina y de la psiquiatría han sido «invadidos» con palabras de peso que afectan mucho a la vida de las mujeres. Aceptamos las palabras y las definiciones como verdades absolutas, sin ser conscientes de las historias que hay detrás y del mar de significados en el que estamos nadando, hasta que llega un momento en nuestra vida que empezamos a tirar (o a empujar) hacia atrás.

Lo que las mujeres han de soportar (tanto en la práctica como en lo que respecta a creencias) siempre refleja la dinámica sociocultural generalizada del momento. En Estados Unidos, en los tiempos de la esclavitud, por ejemplo, cuando los esclavos mostraban signos de infelicidad y de anhelar su libertad, se empezó a utilizar la expresión *enfermedades de esclavos* para designar esos estados de ánimo. En otros tiempos, cuando las mujeres comenzaron a trabajar fuera de casa y a adquirir más libertad, los médicos empezaron a aconsejarles que se quedaran en casa para no dañar sus órganos reproductores. La homosexualidad fue considerada una enfermedad hasta 1973. Existe una interacción, una dinámica ontológica entre la percepción que tenemos de nosotros mismos y la estructura social.

En el siglo XV, por ejemplo, el concepto que se tenía de la locura era que el demonio y los malos espíritus habían poseído la mente de una persona. Esta creencia contribuyó a que muchas mujeres fueran consideradas «brujas» y fueran asesinadas, especialmente si se creía que iban en contra de la cultura del momento o no eran religiosas, como Denise Russell señala en su libro *Women, Madness, and Medicine* [Las mujeres, la locura y la medicina] (1995). En el 1700, la locura se consideraba una debilidad humana, más que una posesión del espíritu, y en el siglo XIX, el concepto de «histeria» femenina empezó a convertirse en una referencia habitual.

La medicina en general y la psiquiatría en particular siempre han alternado entre ser consideradas prácticas «divinas» o «científicas»; de hecho, la psiquiatría se originó parcialmente en las especialidades de la obstetricia y la ginecología, donde todos parecían estar de acuerdo en que estaba «correctamente» contemplada dentro del estudio de los temas de salud femenina. A finales del siglo XIX, muchos médicos varones afirmaban que, en algunos casos, se debía extirpar el clítoris porque la histeria era provocada por la masturbación.

La histeria era descrita como una «enfermedad» de «emociones incontrolables» que afectaba predominantemente a las mujeres, y las «emociones sexuales» la fomentaban. Otros describían la histeria como un trastorno físico que hacía que las mujeres se pervirtieran moralmente o que padecieran «parálisis de la voluntad». En aquellos tiempos, lo normal era que cualquier sentimiento o problema físico que dijera padecer una mujer no fuera tenido en cuenta por los médicos, que aseguraban que sus quejas eran mentira y que su causa era la pereza. La cura común para la histeria era el matrimonio. Henry Maudsley, un eminente médico británico decimonónico, afirmaba que la menstruación podía conducir a la inestabilidad mental y a la conducta maníaca. En 1875, otro médico británico, Andrew Wynter, creía que la locura se transmitía de las madres a su descendencia.

En 1895, Sigmund Freud publicó *Estudios sobre la histeria*, donde concluía que los traumas sexuales de la infancia eran los responsables de la histeria en las mujeres adultas. Tan solo dos años más tarde cambió de criterio, pues la frecuencia con la que se daban los abusos sexuales en la infancia lo llevó a la convicción de que su teoría podría no ser del todo exacta. La presión para patologizar y medicar, utilizando el lenguaje de la enfermedad, obligó a Freud a claudicar; de lo contrario hubiera perdido el respeto de la comunidad médica. Nadie se podía imaginar que la histeria no fuese una enfermedad, nadie veía la relación entre el trato que recibían las mujeres y su vida emocional.

Elaine Showalter, en su libro de 1985 *The Female Malady: Women, Madness and English Culture, 1830-1980* [La enfermedad femenina: las mujeres, la locura y la cultura inglesa, 1830-1980], narra la historia de la psiquiatría desde su asociación con la ginecología hasta la ubicua mayoría de mujeres en los hospitales psiquiátricos; más adelante, en la década de 1960, se concluyó que la enfermedad mental era más frecuente en mujeres que en hombres. Showalter menciona las «imágenes duales de la locura femenina: la locura como uno de los males de la mujer; la locura como la naturaleza esencial femenina revelándose ante la racionalidad científica masculina».[1] Recordando a las escritoras Sylvia Plath, Virginia Woolf y Anne Sexton, prosigue: «Las biografías y cartas de las mujeres con talento que sufrieron crisis mentales dan a entender que la locura es el precio que tienen que pagar las mujeres artistas por ejercer su creatividad en una cultura dominada por hombres».[2]

La psicología y la psiquiatría, tal como las conocemos ahora, tuvieron que luchar mucho para convertirse en disciplinas respetadas, y no lo consiguieron hasta que fueron aceptadas e integradas en la práctica de la medicina y de la ciencia de una forma más generalizada. A pesar de que las ideas respecto a la locura, la demencia y los trastornos evolucionaban lentamente, muchos profesionales de estas disciplinas eran considerados «curanderos». Mientras los científicos de otros campos desarrollaban herramientas para examinar partes del cuerpo y enfermedades físicas, se intentó seguir la misma dinámica con el cerebro y la conducta humanos. La psicología y la psiquiatría evolucionaron como lo hizo la ciencia en general.

Pero la conducta humana, los deseos, las creencias y los pensamientos son más difíciles de investigar, de modo que estos dos campos tardaron más en desarrollarse. La primera facultad de Medicina norteamericana se fundó en Filadelfia en 1765; eso supuso otorgar a la medicina y su estudio el rango de «ciencia». Sin embargo, los médicos todavía trataban a los pacientes «dementes» con «sangrados», una forma de purgar y corregir la circulación sanguínea alterada. La «terapia de rotación» también era popular en aquellos tiempos, pues consistía en marear al paciente colocándolo en una silla colgante y haciéndola girar a gran velocidad.

El incremento de la medicalización de los problemas que afectaban al cerebro y a la conducta supuso que cada vez se prestara menos atención a la forma en que el contexto más amplio sociológico e histórico afectaba a las emociones y a los estados mentales. A finales del siglo XVIII, hubo una tendencia de poca duración en que a los individuos considerados dementes se los trataba un poco mejor y vivían en lugares con jardines y áreas dedicadas a la práctica del arte. En Francia, un hombre llamado Philippe Pinel fue el principal promotor de este nuevo enfoque, y poco después, los cuáqueros norteamericanos experimentaron con otros similares.

Pero cuando estos centros empezaron a caer bajo la influencia de los médicos, se redujo el énfasis en el tratamiento moral y empezó a imponerse la combinación de tratamiento moral y médico. Los facultativos comenzaron a dirigir estos lugares y, al mismo tiempo, medicalizaron las interacciones con los pacientes en vez de confiar en una dinámica más amable y humana que fomentara el «equilibrio» en el individuo. Robert Whitaker escribe en *Mad in America: Bad Science, Bad Medicine, and the Enduring Mistreatment of the Mentally Ill* [La locura en América: mala ciencia, mala medicina y persistencia en los tratamientos erróneos de las personas con enfermedades mentales]:

A medida que los médicos fueron asumiendo el control de los manicomios, también fueron construyendo una nueva explicación para el éxito del tratamiento moral, devolviéndolo al ámbito del trastorno físico. La teoría «no orgánica» de Pinel no servía. Si no era una enfermedad física, los médicos no serían requeridos para tratar a los locos. Organizar actividades, tratar a las personas con amabilidad, preparar baños calientes para los enfermos no eran tareas que requirieran las habilidades especiales de un médico.[3]

Más allá de la influencia de la medicina, el aspecto circunstancial también fue subestimado. Gran parte de lo que se incluyó en la etiqueta de «locura», especialmente en lo que respectaba a las mujeres, se forjó en los tiempos en que el capitalismo iba cobrando importancia en Europa occidental. Si el contexto determina lo que es «normal» y lo que es «anormal», entonces es razonable prestar más atención a las tendencias históricas, económicas y sociales del momento. Showalter observa que, desde el siglo XVIII, en la literatura se ha hecho referencia con frecuencia a un tipo de «enfermedad inglesa»: «Los ingleses, con una mezcla de complacencia y pena, han considerado durante mucho tiempo a su país como la sede mundial de la demencia».[4] Y como la influencia de Inglaterra en el desarrollo cultural de Estados Unidos es enorme, vale la pena observar cómo surgieron las nociones de locura en la historia contemporánea de este último.

Entre principios del 1800 y principios del 1900 «la psicopatología cotidiana de las masas era un mercado cambiante y en plena expansión, especialmente entre la creciente clase pudiente; y los médicos, con las armas de la autoridad del microscopio y la farmacia, se habían adueñado de ese mercado», explica Gary Greenberg en *The Book of Woe: The DSM and the Unmaking of Psychiatry*[5] [El libro de la aflicción: el DSM y el descrédito de la psiquiatría]. Al mismo tiempo, la idea de que la transición hacia la modernidad estaba creando una mayor incidencia de «trastornos mentales» o «locura» brotaba de vez en cuando de la nada. Edward Jarvis, un médico de Massachusetts, empezó a hablar y a escribir sobre esto en 1872, pero nunca tuvo demasiado éxito.

La desaparición del tratamiento moral también coincidió con la ola de nuevos emigrantes que abandonaban Europa para ir a Estados Unidos. El cambio del tratamiento moral hacia lo que se hizo creer a la gente que era «ciencia pura» fue encabezado por William Hammond, cirujano general durante la Guerra Civil estadounidense, que afirmaba que la locura era una enfermedad del cerebro. Hacia la década de 1930, los «dementes» tenían prohibido casarse para evitar su procreación. Unos cuatro mil enfermos mentales fueron esterilizados en la década de 1950, cifra similar a la que se había alcanzado en la de 1920. Y en una fecha tan cercana como principios de 1950, casi al mismo tiempo que se publicó el primer *Manual diagnóstico y estadístico de enfermedades mentales* (DSM, por sus siglas en inglés), unos diez mil pacientes todavía eran sometidos a lobotomías.

La medicalización de la conducta «anormal», que se convirtió en el campo que ahora conocemos como psiquiatría, es pues una historia compuesta por capas y capas de aportaciones diversas. La vocación de estudiar Medicina no siempre había gozado del prestigio que tiene ahora. Su prestigio aumentó cuando otros campos de la ciencia la aceptaron y la respaldaron. Así que el inicio de los debates sobre la conducta humana, las anormalidades y los llamados trastornos en el ámbito médico fue un poco como la llegada de los colonos a las nuevas tierras, donde tenían que apresurarse para ser los primeros en marcar un territorio para adjudicárselo, y sin lugar a dudas, también supuso grandes beneficios. Se involucraron académicos, científicos, funcionarios del gobierno y profesionales de los negocios para no quedarse sin su parte del pastel. Greenberg escribe:

> Sin lugar a dudas, no todos los médicos que insistían en que la homosexualidad era una enfermedad eran fanáticos o mojigatos. Como tampoco lo son los médicos que actualmente diagnostican el síndrome de Diógenes a personas que llenan sus casas de periódicos y tarros de conserva vacíos, pero dejan sin diagnóstico a aquellos que amasan miles de millones de dólares, mientras otros se mueren de hambre, y solo se dedican a hacer la pelota a los ricos. No pretenden convertir el sufrimiento infligido por nuestras propias peculiares instituciones, ni la depresión y la ansiedad generadas por los desplazamientos del capitalismo tardío y la posmodernidad, en mercados para la delictivamente avariciosa industria farmacéutica.[6]

La historia del DSM refleja la historia de la política y de la dinámica sociocultural norteamericana. En la década de 1960, se impuso el lenguaje de los neurotransmisores: la dopamina y la serotonina. Pero, como dice Greenberg: «Lo que nunca se puso en duda, mientras los médicos barajaban una teoría u otra, fue la idea de que la causa del sufrimiento mental era la química cerebral, del mismo modo que una bacteria u otra era la causa de una infección».[7] Entonces, también aumentó la presión para seguir clasificando y especificando cada «trastorno» posible y sus criterios de tratamiento. Greenberg observa que la tercera edición del DSM (*DSM-III*), publicada en 1980, «casi [duplicaba] el número de trastornos mentales» y «amplió inmensamente el alcance de la publicación, transformándola en un manual de psicopatología cotidiana totalmente nuevo».[8] De hecho, fue un superventas y aportó una gran cantidad de dinero a la Asociación Estadounidense de Psiquiatría. En parte, su éxito se debió a las clasificaciones aparentemente muy científicas de los denominados trastornos mentales. Pero esas clasificaciones son flexibles y cambiantes: desde la drapetomanía de los esclavos en la década de 1850,(la «enfermedad mental» que provocaba que los esclavos intentaran huir de su esclavitud) hasta la homosexualidad de la década de 1950 y el «trastorno de adicción a Internet» de nuestros días. El DSM se parece más a un catálogo de dolencias sociales actuales que de «enfermedades» con una base científica.

En *Mujeres y locura*, Phyllis Chesler escribe sobre lo que ella denomina «imperialismo psiquiátrico», según el cual las respuestas normales a los traumas son metódicamente patologizadas por la ciencia y la medicina. Cuando se publicó la primera edición en 1972, pocas mujeres hablaban de los prejuicios de género en el estudio y la práctica de la psicología. Chesler se sintió obligada a iniciar una conversación sobre género, raza, clase y ética médica porque «la psicología femenina moderna refleja una situación de relativa impotencia y privación».[9] Sobre la sensibilidad escribe: «Muchas características femeninas intrínsecamente valiosas, como la intuición y la compasión, probablemente, se han desarrollado más por defecto o por necesidad impuesta por el patriarcado que por ser una predisposición biológica o una libre elección. Los "talentos" emocionales femeninos deben verse en términos del precio global que exige el sexismo».[10] Sea cual fuere la causa, aquí lo que es digno de mención es que la vida interior de las mujeres apenas se tenía en cuenta.

En 1984, una encuesta del Instituto Nacional de Salud Mental indicó que casi un tercio de los estadounidenses sufriría algún tipo de «enfermedad mental» durante su vida. Y más del veinte por ciento de los estadounidenses manifestó síntomas que acabarían siendo «diagnosticados» de acuerdo con el DSM. Con estas cifras, observa Greenberg, «nuestra vida interior es demasiado importante para dejarla en manos de los médicos: porque no saben tanto sobre nosotras como dicen, porque una explicación completa de la naturaleza humana está fuera de su alcance».[11]

Hacia finales de la segunda mitad de la década de 1980, por ejemplo, el TDAH se convirtió en un tema candente y en un diagnóstico muy común, y un grupo de niños captó la atención de un médico del Hospital General de Massachusetts, llamado Joseph Biederman. Eran niños precoces y con tendencia a las pataletas y a la tristeza extrema. Biederman dedujo que tal vez el inicio del trastorno bipolar era mucho más temprano de lo que se había pensado hasta el momento y que estos niños podrían estar dando muestras tempranas de padecerlo. Los síntomas del TDAH y el trastorno bipolar se solapaban en el DSM, pero estos niños no tenían los episodios maníacos típicos de los bipolares. Las capas de criterios y los matices de los síntomas que aparecen en el DSM y que están pensados para diferenciar un diagnóstico de otro son flexibles y relativos, lo cual contribuye a lo que Greenberg denomina «diagnóstico por conveniencia».

A principios de 2000, el recién descubierto enfoque de Biederman sobre el trastorno bipolar en la infancia contribuyó a la prescripción masiva de medicamentos para los niños y niñas. Según Greenberg, en 2003, el diagnóstico de trastorno bipolar en la infancia había aumentado cuarenta veces respecto a la década anterior. En 2005, el fármaco antipsicótico utilizado con los niños aumentó un setenta y tres por ciento en tan solo cuatro años. En 2007, quinientos mil niños y niñas tomaban medicamentos que anteriormente estaban reservados para casos extremos.

Este es un ejemplo de las consecuencias del lenguaje arbitrario y del diagnóstico por conveniencia. La historia de la psiquiatría y del DSM está repleta de este patrón de incoherencia y drama, y suscita preguntas respecto a qué certeza podemos tener si la información cambia constantemente y cómo puede la gente sentirse segura y a salvo con semejantes cambios de criterio de la industria médica.

El DSM se podría contemplar no como un documento científico definitivo, sino más bien como un estudio etnográfico: un relato sobre cómo responden los seres humanos al estado y la condición del mundo. En algunos momentos de la historia, los estados mentales relacionados con la esclavitud y la homosexualidad han cobrado mayor importancia; en otros, han sido los relacionados con la depresión y la ansiedad. A medida que evoluciona el DSM, es probable que veamos más «estados» o «trastornos» relacionados con lo que está sucediendo en la naturaleza, por las alteraciones en la tierra y en los ecosistemas debidos al cambio climático y al calentamiento global. La «ecopsicología» ya es un campo floreciente.

Si el marco psicológico es situacional y contextual, lo que es seguro es que el tratamiento médico y psiquiátrico de las personas que actúan de forma diferente de lo que percibimos como la norma se ampara en una historia de discriminación y patologización. Greenberg plantea: «Si las personas que redactan el DSM no conocen las formas de sufrimiento sobre las que están escribiendo, ni sus causas, entonces ¿en qué se basarán para reconocer el siguiente caso, donde se oculte el prejuicio y la opresión bajo la bata blanca del médico?».[12]

La historia, el lenguaje, el contexto y el poder son los determinantes profundos para decir quién es «normal» o quién es «raro». La sensibilidad y las mujeres sensibles en particular no han sido una excepción. La historia del lenguaje dentro de la medicina y de la ciencia ha corrompido nuestra noción y nuestra sensación sentida*

---

* N. de la T.: Es una sensación que se siente en el cuerpo (nudo en la garganta, mariposas en el estómago) que contiene información vital sobre lo que nos está sucediendo en un momento dado.

de lo que significa ser sensible y, por consiguiente, ha patologizado la sensibilidad y ha creado una epidemia de vergüenza entre algunos de los individuos con más dones de la humanidad. Hagamos que empiece la reeducación.

Capítulo 2

Reformular la sensibilidad

*S*herry *es una persona altamente sensible y con talento evidente, con múltiples títulos académicos (francés, estudios sobre autismo, relaciones laborales...).* «Hasta 2010, cuando leí el libro de Elaine Aron El don de la sensibilidad: las personas altamente sensibles, *no sabía lo que era ser PAS —me dijo Sherry por teléfono un día—. Sé que no pienso como los demás. Siempre me fijo en cosas que las otras personas no han tenido en cuenta o no entienden. Muchas personas son superficiales en sus decisiones y juicios, pero a mí me gusta tener en cuenta todos los factores y contemplar todos los puntos de vista antes de tomar una decisión».*

Sigue su relato explicando que las luces muy brillantes le dan dolor de cabeza, que padece desde su infancia, y que los ruidos fuertes e inesperados le afectan sobremanera. También le afecta mucho ser testigo de las emociones fuertes de los demás. No le gusta Facebook porque teme involucrarse demasiado en la vida de sus amistades. «No me puedo exceder de mis límites», me dijo. Y su estrategia para evitar la sobreestimulación es limitar su número de amistades.

Cuando obtuvo su máster en Francés, se dio cuenta de que enseñar era muy agotador para ella. Cuando a su hija le diagnosticaron aspérger, decidió estudiar sobre el autismo. «Siento que puedo relacionarme con ella, *entenderla cuando ha recibido demasiados estímulos y saber qué es lo que le desencadena el* meltdown,* *porque a mí también me pasan algunas de esas cosas».* Sherry vive en una calle tranquila y practica yoga regularmente; cuando las cosas le sobrepasan, se mete en una habitación oscura y cierra la puerta. «Estas características tienen una ventaja evolutiva, y la gente ha de aprender a valorarlas. Si eres como los demás, no serás tan innovadora».

Elaine Aron: la reina del término PAS

La gente describía a Elaine Aron como una niña tímida, callada e introvertida, a la que le daba miedo meter la cabeza en el agua al nadar. Decidió estudiar Psicología, en parte, como respuesta a la disonancia que sentía entre su experiencia interior del mundo y la forma en que este parecía responderle. Sus estudios y su relación con sus clientes le sirvieron para que se planteara su constitución personal: era altamente sensible.

La característica que define a las PAS (persona altamente sensible) es su profundidad de procesamiento: se toman su tiempo para percibir y procesar la información externa e interna, ya sea sonido, luz, sentimientos o información y explicaciones nuevas. Aron descubrió en sus investigaciones que casi un veinte por ciento de la población tiene algo de PAS (esa cifra se divide equitativamente entre hombres y mujeres, y el treinta por ciento de las PAS son extrovertidas). Acuñar la expresión *persona altamente sensible* ha ayudado a miles de terapeutas, investigadores y profanos a entender mejor sus propias constituciones y las de aquellos con los que comparten su vida.

---

* N. de la T.: Término que se utiliza para referirse a las crisis, pérdidas de control, ataques de ira y pataletas que sufren las personas con aspérger u otro tipo de autismo. Es una reacción de frustración temporal por sobrecarga de estímulos.

No recuerdo en qué momento exacto, cuando estudiaba en la universidad, conocí el término *PAS*, pero en cuanto lo descubrí supe que yo era altamente sensible. Con el tiempo, empecé a seguir el trabajo de Aron, y posteriormente, nos hicimos amigas y compañeras. En las entrevistas que le he hecho, ha hablado de la importancia de mantener la idea de las PAS y su estudio dentro del ámbito de la ciencia y de la investigación académica. Con el paso de los años, otros escritores han sugerido nombres e ideas que suenan parecido, pero Aron ha sido capaz de crear un puente entre los estudios médicos de las PAS gracias a la tecnología de imágenes del cerebro y a una clara descripción narrativa de cómo es la experiencia de quienes se identifican como PAS.

«Tener un sistema nervioso sensible es normal –escribe Aron en *El don de la sensibilidad*–, [es] una característica básicamente neutra».[1] En el libro, especifica de qué rasgo se trata, cómo deducir que lo tienes y las formas de gestionar la alta sensibilidad y la sobreestimulación en un mundo que suele ir demasiado rápido y ser demasiado brillante, demasiado ruidoso y, en general, sencillamente demasiado. «Lo que a los demás les parece normal y corriente, como la música o las masas, puede ser sumamente estimulante y, por ende, estresante para las PAS».[2]

Aron reconoce la dificultad de ser sensible y parte del estigma que puede ir asociado a esa etiqueta. Pero en su investigación ha descubierto que cuando las PAS procuran imitar a los demás en lo que consideran «normal» o que creen que se «espera» de ellas, como tolerar las luces brillantes y la música alta, se agotan, se queman, se deprimen o desarrollan síntomas, como dolor de cabeza y fatiga, en el intento. Esto se debe a que «lo que para unos es moderadamente excitante, para ellas es altamente excitante». Las PAS tienden a cerrarse mucho más rápido que las otras personas. Pero como sucede con muchas otras neurodivergencias, los talentos de las PAS son inmensos. Suelen destacar en psicología, escritura, arte, música y como emprendedoras. Puesto que su sistema nervioso está más en sintonía con las sutilezas del entorno, sobresalen en percepción, en detectar matices y entender a los demás.

En algunos de sus últimos estudios, Aron ha descubierto que, tanto en el pasado como en el presente, tener mayor capacidad de respuesta a su entorno puede haber servido a las PAS de mecanismo de supervivencia. Los estudios con tecnologías de imágenes demuestran que procesan los estímulos de un modo más elaborado y que algunas zonas del cerebro están más activas cuando están integrando información sensorial, son conscientes y sienten empatía. Otros estudios de Aron y sus colaboradores indican que las PAS tienen un tiempo de «pausar y revisar» más largo, es decir, que responden a la información nueva tomándose su tiempo para explorar los detalles y, por consiguiente, tardan más en sacar conclusiones o en procesar la información.

Las afirmaciones del cuestionario de Aron para detectar si alguien es altamente sensible describen algunas de las características que definen a estas personas:

- Me abrumo fácilmente cuando recibo una fuerte carga sensorial.
- Siento que soy consciente de las sutilezas de mi entorno.
- Los estados de ánimo de otras personas me afectan.
- Siento que necesito retirarme en los días que estoy muy ocupado(a), meterme en la cama o estar a oscuras en una habitación u otro lugar, donde pueda estar a solas y aliviarme de los estímulos.
- Soy especialmente sensible a los efectos de la cafeína.
- Me molestan fácilmente las luces y los olores demasiado fuertes, los tejidos ásperos o las sirenas.

- Tengo una vida interior rica y compleja.
- Me molestan mucho los ruidos altos.
- Me conmueven profundamente el arte y la música.
- Mi sistema nervioso a veces se agota tanto que he de desconectar y estar a solas.
- Soy meticuloso(a).
- Me sobresalto fácilmente.
- Me agobio cuando tengo mucho que hacer en poco tiempo.
- Cuando siento que las personas están incómodas en un entorno físico, suelo saber lo que hay que hacer para que se sientan mejor (como cambiar la iluminación o el asiento).
- Me enfado cuando la gente pretende que haga demasiadas cosas a la vez.
- Intento por todos los medios no cometer errores u olvidar cosas.
- Evito las películas violentas y los *shows* televisivos.
- Me pongo desagradablemente nervioso(a) cuando pasan demasiadas cosas a mi alrededor.
- Tener mucha hambre me genera una reacción fuerte, no puedo concentrarme o me cambia el estado de ánimo.
- Los cambios en mi vida me trastornan.
- Me gustan los olores, sabores, sonidos y obras de arte delicados o refinados.
- No me gusta que pasen muchas cosas a la vez.
- Para mí es prioritario organizar mi vida para evitar situaciones desagradables o que me sobrepasen.
- Me molestan los estímulos intensos, como los ruidos altos o las escenas caóticas.
- Cuando he de competir o ser observado(a) realizando una tarea, me pongo tan nervioso(a) o tembloroso(a) que hago fatal lo que en otra circunstancia haría bien.

Con las investigaciones de Aron y al acuñar el término PAS se abordó por primera vez la cualidad de la sensibilidad en la literatura científica sin ser considerada una patología, y se inició una rápida conexión entre las mujeres de todo el mundo que, inmediatamente, se vieron reflejadas en sus descripciones y crearon una especie de vínculo tribal bajo el estandarte PAS. Puesto que Aron es mujer y sus estudios incluyen muchas participantes femeninas, no existía el riesgo de la preponderancia masculina en la investigación. Lo mismo sucede con el lenguaje y el vocabulario que usa y que ahora están ampliamente aceptados: los sentimientos y las experiencias de sensibilidad, como puedes ver por la lista anterior, se expresan de forma neutra sin emitir juicios.

Un enorme vacío

Desde los comienzos de la psicología, las mujeres han brillado por su ausencia la mayor parte del tiempo. Esto significa que nuestra forma de contemplar la mente, enmarcarla y sopesar cómo ayudarla tiene su origen en reflexiones originadas por mentes masculinas y en investigaciones donde básicamente han participado hombres. Por consiguiente, las teorías, tratamientos y planteamientos psicológicos que han dominado la psicología occidental son predominantemente masculinos.

Esto es algo que concierne a muchos rasgos, en especial al autismo y al TDAH. Los índices de diagnósticos en hombres sobrepasan los de las mujeres, e incluso en estudios con adolescentes y niños, a las niñas suelen dejarlas fuera de los estudios y de los coloquios. Poblaciones enteras de mujeres permanecen ocultas y son invisibles, incluso para ellas mismas. Según la Organización Mundial de la Salud,[3] cuatrocientos cincuenta millones de sujetos han recibido el diagnóstico de alguna «enfermedad mental» (más del seis por ciento de la población mundial), y esa cifra es probable que sea mucho más alta, dado que la salud mental es un área relativamente descuidada en muchas partes del mundo y los síntomas mentales de las mujeres suelen pasar totalmente desapercibidos. Este es un fallo de nuestras investigaciones científicas modernas.

«A los científicos no les interesan las diferencias porque quieren formular teorías [...] lo que implica que quieren igualdad [...] En psicología las diferencias individuales no son bien recibidas porque no se les pueden aplicar las teorías generalizables». Y, señala Aron, lo mismo sucede con los médicos y terapeutas, «porque las compañías de seguros dictan diagnósticos y reembolsos». En otras palabras, todo el mundo ha de encajar claramente en una categoría.

No obstante, el verdadero problema es que todas las teorías y diagnósticos se basan en muestras de poblaciones no generalizables, porque las mujeres han sido excluidas de ellos. Y como se las ha excluido del mapa, dice Pauline Maki, directora de Investigación sobre la Salud Mental de la Mujer y directora asociada del Centro para la Investigación sobre las Mujeres y Género de la Universidad de Chicago, «a menudo lo que las mujeres consideran normal en la gama de experiencias emocionales ha sido patologizado».

No es de extrañar que las mujeres vayamos por ahí con cargas innecesarias de vergüenza, culpa, depresión y ansiedad. Nuestra realidad no ha sido adecuadamente validada. Esto tiene implicaciones importantes no solo para las mujeres neurodivergentes sensibles, sino para el mundo entero. Es como si el cuerpo humano (en este caso, la sociedad) hubiera estado funcionando sin un brazo, completamente inconsciente de este otro miembro que tiene sensaciones, cumple una finalidad y puede mejorar exponencialmente el funcionamiento corporal. La sensibilidad es una característica humana esencial, fundamental para las relaciones recíprocas, para construir economías y para el desarrollo de la sociedad.

Por supuesto, el problema de la exclusión femenina y los prejuicios de género no se limita al campo de la psicología. Las mujeres han sido excluidas con más frecuencia de los estudios realizados en el campo de la investigación médica. En su revolucionario libro *Doing Harm: The Truth About How Bad Medicine and Lazy Science Leave Women Dismissed, Misdiagnosed, and Sick* [Perjudicar: la verdad sobre cómo la mala praxis médica y la ciencia perezosa dejan a las mujeres relegadas, mal diagnosticadas y enfermas], Maya Dusenbery escribe: «Aunque han aumentado las cifras desde principios de la década de 1990, cuando la ley federal empezó a exigir que se incluyera a las mujeres y a las minorías raciales en las investigaciones patrocinadas por los Institutos Nacionales de la Salud (INS), todavía arrastramos el legado de años de investigaciones institucionales realizadas con hombres, donde se presupone que se pueden extrapolar a las mujeres».[4] Dusenbery expuso esta crisis en el contexto de las personas con problemas autoinmunes, dos tercios de las cuales son mujeres. Se destinan pocos fondos a las investigaciones con mujeres y los médicos, normalmente, no tienen ni idea de cómo tratar a las que sufren fatiga crónica o fibromialgia, por ejemplo.

Angela Saini, en su libro *Inferior: cómo la ciencia infravalora a la mujer y cómo las investigaciones reescriben la historia*, escribe: «Hasta aproximadamente 1990, era habitual que los ensayos de pruebas médicas se realizaran casi exclusivamente con hombres».[5] Esto, en parte, se debe a que ceñirse a un solo sexo en las muestras para la investigación es más barato.

Muchos investigadores, psicólogos y científicos me han dicho esto en repetidas ocasiones: las mujeres son excluidas sistemáticamente de los estudios a fin de conseguir resultados más eficientes y publicables que, de lo contrario, correrían el riesgo de ser contaminados por la presencia de las hormonas femeninas.

Reprimir la sensibilidad

«No cabe duda de que puedo hablar desde la perspectiva de ser una mujer que se encuentra dentro del sistema —me dijo un día la autora Lissa Rankin—. El reto de ser obstetra-ginecóloga, una doctora de *mujeres*, es que en realidad (en los tiempos en que todavía estaba estudiando medicina) era una profesión que ridiculizaba, menospreciaba y negaba las llamadas propiedades curativas femeninas». Al principio de su libro *The Anatomy of a Calling* [Anatomía de una vocación], Rankin describe que una noche tuvo que asistir al parto de cuatro bebés muertos, y un médico literalmente la persiguió por el pasillo gritando: «¡Ánimate, Rankin! ¡Nunca conseguirás nada en este negocio si dejas que te afecte tanto!». Bajo la perspectiva de Rankin, sus sentimientos de tristeza y duelo eran una respuesta normal y saludable a la situación. Y eran las comadronas las que la abrazaban y consolaban cada vez que se derrumbaba llorando de tristeza por las madres que habían perdido a sus bebés.

«Para mí, lo natural era sentir empatía por mis pacientes; sin embargo, el sistema te enseña que debes reprimir esas emociones. Desde el principio, se nos enseña a no sentir, a no culpabilizarnos, a no hablar de cosas personales, a que nadie pueda ver cómo nos está afectando esa situación, a desapegarnos. Y de esa manera puedes tomar decisiones racionales y competentes, y hacer tu trabajo», me dijo.

Lo que describe Rankin es típico de cómo los rasgos y cualidades asociados a la sensibilidad (y además, con frecuencia, asociados a las mujeres a lo largo de la historia) son relegados, tapados y, explícitamente, *no son bien recibidos*. «Para mí, eso era un claro ejemplo de todo lo que está mal en la facultad de Medicina. Mi respuesta era muy normal; era perfectamente apropiado hacer una pausa de quince minutos para sentir mis sentimientos y dejar que pasaran a través de mí. Mi cuerpo no podía gestionar la represión de todos esos traumas».

Aquí cabe destacar que esta cualidad de la sensibilidad se encuentra en tantos tipos de personas diferentes que una se pregunta por qué es necesaria una etiqueta. La respuesta es que se debe a que la sensibilidad no está bien vista como experiencia humana, y de ahí que no se nos permita compartir con el mundo el don que nos ofrece. Pero a medida que la ciencia se vaya poniendo al día y vaya aceptando lo que tantas mujeres han sabido durante siglos, es decir, que a menudo tenemos sentimientos y emociones, la gente podrá reivindicar con más fuerza sus bendiciones, dejar de esconderse y ser más visible para el mundo académico y los campos de la medicina, la educación, la psicología, la psiquiatría y las ciencias en general.

«Habría sido muy distinto si alguno de mis profesores simplemente hubiera dicho: "Ha sido duro lo que acabas de pasar y seguro que tienes emociones fuertes. Yo también". Esto es lo que dicen los buenos médicos, sienten las cosas, son cercanos, y eso es un verdadero privilegio. Esto es lo que me hizo querer estudiar medicina y curar a la gente».

Hacia un sistema sanitario más sensible

Al final, Rankin abandonó la medicina convencional y fundó el Instituto de Medicina Integral.[*] Además, ha escrito varios libros superventas. Su iniciativa y su planteamiento son buenos ejemplos de cómo podemos integrar mejor las preocupaciones, necesidades y deseos de las mujeres en general, y de las sensibles en particular. «En mi Instituto de Medicina Integral preguntamos a las mujeres: "¿De qué maneras te has profanado a ti misma para poder llegar a ser médica?". Y cuentan historias de traumas profundos e

---

[*] N. de la T.: Este instituto está reservado para médicos y terapeutas que estén buscando un complemento transformador de la formación en medicina convencional.

increíbles. En algunas ocasiones, han estado presentes varios terapeutas expertos en traumas, que han trabajado con veteranos de guerra y con víctimas de tráfico humano, y me han dicho: "Nunca habíamos visto tantos traumas"», me dijo Rankin.

No me sorprendió oír esto. No es lo mismo acontecimientos traumáticos que traumas. Al oír estas palabras, muchas personas piensan en guerras o violaciones, y con razón, pero hay otra forma de trauma «silencioso» que tiene que ver con la violación de todo un grupo demográfico a través de las estructuras culturales. Si la perspectiva femenina está ausente de las órdenes del día, de la instauración de las culturas de trabajo, de la toma de decisiones y de marcar la pauta sobre cómo hemos de actuar, esto es sin lugar a dudas un tipo de trauma. Es una violación y una opresión, y las mujeres neurodivergentes (especialmente las que son sensibles) sufren las consecuencias agudas debido a su elevado grado de conciencia y de procesamiento. Y es aún más duro para las mujeres que además están marginadas por su raza y clase social.

La autora angel Kyodo williams es una de ellas. Mujer de color, sensible, con talento, silenciosa, amante de la lectura, tuvo que aprender a gestionar desde muy pequeña la profunda empatía que sentía hacia los demás en su barrio y su urbanización neoyorquinos. Para empezar, la expresión de la sensibilidad es todo un reto en la cultura occidental, y para muchas comunidades marginadas, puede ser algo más que eso. Posteriormente, ya de adulta, williams fue una de las primeras mujeres de color en ser incluida en un estudio de la enfermedad autoinmune lupus. Han pasado décadas hasta que se han empezado a integrar las necesidades de las mujeres en la investigación científica y médica, imagina si encima eres de color. Hay un sinfín de historias de mujeres sensibles y brillantes, cuyas necesidades son totalmente ajenas a la clase dirigente de los campos de la medicina y de la investigación.

«Nuestra cultura en general está muy enferma, en todos los ámbitos: en los medios de comunicación, el sistema legal, la política, la educación y la salud», dice Rankin. A esto añade que estamos muy desequilibrados debido a la represión y el menosprecio de la sensibilidad. Pero también reconoce que nuestra manera de actuar, funcionar e interactuar no es irreversible: hay otras formas de vivir, y los seres humanos podemos aprender. En su caso, ella ha aprendido mucho, a través de la introspección y de la sabiduría práctica, observando cómo viven las personas de otros países y culturas, y eso le ha ayudado a restaurar el equilibrio en su propia vida. Tiene la humildad de ver que la evolución del sistema sanitario occidental no es como la evolución singular de otros sistemas de salud y bienestar; por ejemplo, ella ha estudiado e incorporado métodos tradicionales de Sudamérica y Asia para tratar a sus pacientes.

En el transcurso de nuestra conversación, fui compartiendo más cosas de mi historia personal. Le mencioné por encima lo de mi TDAH y seguimos hablando de las mujeres y de la salud mental en general. Pero, de pronto, me dijo: «Soy un imán para las personas que se encuentran dentro del espectro autista; mi compañera de habitación, mi antiguo novio y mi profesor eran todos autistas». «Vaya —pensé yo—, esto es muy interesante, pero al mismo tiempo no me sorprende». Había entablado una conversación con ella basándome en lo que sabía sobre su combinación de ciencias puras con otros puntos de vista más alternativos, lo cual me intrigaba bastante. Tal vez tenga sentido que alguien que se siente tan cómodo rozando el límite de los paradigmas definidos también se rodee de personas que se identifiquen como neurodivergentes.

La sensibilidad, la histeria
y lo que significa para las mujeres

Como ya hemos visto, la «locura» y la «histeria» han llamado la atención de médicos y científicos desde 1600, y estos fenómenos se observaban principalmente en mujeres. La sensibilidad (o «reactividad emocional», como se ha denominado históricamente) es la esencia de la histeria, de modo que no olvidemos cómo ha patologizado la historia la sensibilidad y a las mujeres. Simplificando, si a las mujeres se nos ha tildado de sensibles, y si la sensibilidad es mala, ¿significa eso que las mujeres somos malas?

Asimismo, si los hombres han monopolizado la medicina y la ciencia (especialmente la psicología y la psiquiatría) durante cientos de años y han condicionado sus fundamentos y resultados, es lógico llegar a la conclusión de que falta la huella femenina. Es decir, las mujeres no hemos dejado huella, las diferentes disciplinas no reflejan nuestras realidades y es probable que toda nuestra existencia esté patologizada. De haber sido aceptadas e incluidas nuestras realidades durante la evolución de la ciencia y de la medicina, hoy en día el relato sobre la sensibilidad sería bien distinto.

Actualmente, la sensibilidad se entiende bien en el ámbito de ciertas disciplinas, pero sigue sin ser bien entendida en general. La mayoría de las investigaciones respecto a la sensibilidad se limitan a estudios individuales; pocos libros se han escrito respecto a este tema. En la década de 1970, la terapeuta ocupacional A. Jean Ayres formuló la teoría de la integración sensorial como respuesta al aumento del índice de dificultades de procesamiento sensorial. En 1980, el neuropsicólogo Giacomo Rizzolatti fue el primero en etiquetar las «neuronas espejo», que nos enseñó que las neuronas son las responsables de la imitación y de la empatía. En 1996, Elaine Aron acuñó el término *PAS* para poder describir un tipo de procesamiento más amplio y profundo que experimenta aproximadamente un veinte por ciento de la población. Más recientemente, investigadores de la Universidad de California, en San Francisco, han estudiado el trastorno de procesamiento sensorial utilizando el registro y la base de datos del consorcio para este trastorno.

Pero en la mayor parte de la literatura que existe sobre la sensibilidad, se hace un uso generoso de las palabras *trastorno* y *anormal*. Siempre parece haber una comparación constante con una supuesta «norma» respecto a cómo perciben y procesan las personas la información sensorial. *Procesamiento sensorial* es la expresión común empleada en los estudios, las guías de terapia ocupacional y todos los demás sitios donde se mide la sensibilidad, es decir, la forma en que los individuos procesan los estímulos. En las áreas donde se estudia la sensibilidad, se suelen describir con detalle múltiples subtipos de sensibilidad, que promueven que es normal y esperado que exista un abanico de sensibilidades en cualquier población y que las palabras *trastorno* y *anormal* son pues innecesarias.

Una empieza a preguntarse cómo es posible que, con el paso del tiempo, se haya llegado a estigmatizar tanto la sensibilidad. Además, la prevalencia de la sensibilidad en tantas neurodivergencias diferentes nos anima a que reconsideremos qué refleja esta patologización sobre nuestro mundo. ¿No vivimos de formas antinaturales? ¿Está la vida cotidiana diseñada para satisfacer solo a los que no son sensibles? Y si es así, ¿qué implica que influencias que no respetan la sensibilidad sean las que marquen y moldeen las estructuras, los ritmos de nuestra vida y a nuestros líderes?

La sensibilidad como oportunidad

Curiosamente, la mayoría de las investigaciones que se han realizado sobre la sensibilidad proceden de estudios con animales. Pero muchas de las cosas que puede que leas sobre la sensibilidad de los animales son fascinantes, y probablemente con algunas de ellas te sientas un poco identificada.

A Howard C. Hughes le fascinaban los animales y los sistemas sensoriales invisibles, así que en 1999 escribió *Sensory Exotica: A World Beyond Human Experience* [Exotismo sensorial: un mundo más allá de la experiencia humana], donde profundizaba en la vida invisible de los animales. Al igual que otros científicos que han estudiado a los simios y a los caballos, por ejemplo, Hughes, para entender mejor la comunicación animal a través de los sentidos, recurre a los animales para deducir qué les podría estar ocurriendo a los humanos y cuáles podrían ser sus *posibilidades*. Del mismo modo que los terapeutas ocupacionales se refieren a la interocepción como el sentido interno de la conciencia corporal, Hughes explora otros sentidos potenciales. Esto nos lleva a la pregunta: ¿qué información extra perciben o sienten las personas neurodivergentes que no sienten las neurotípicas?

Como ejemplos, Hughes señala a los animales que tienen brújulas interiores que les van marcando la ruta en sus largos recorridos. Las ballenas se comunican con otras ballenas que están a varios kilómetros de distancia en mar abierto y los diminutos murciélagos poseen sistemas de sonar muy superiores a los de los avanzados submarinos de creación humana. Para nosotros «es difícil apreciar la infinidad de cálculos que se esconden detrás de la experiencia sensorial más simple»,[6] escribe Hughes. Nuestra vista capta solo una diminuta fracción de toda la gama electromagnética. Y algunos animales, recalca, «están dotados con diferentes tipos de receptores que los sensibilizan a partes de esa gama que nosotros no podemos ver». Las ballenas y los murciélagos tienen dos modos de audición: uno pasivo para detectar los sonidos externos y uno activo, el modo bio-sonar que «se guía por la reverberación de las señales de sonar autogeneradas».[7] ¿Deberíamos considerar esto un trastorno? No cabe duda de que son dones increíbles, o al menos habilidades de supervivencia básicas. Entonces, ¿por qué pensamos que las habilidades sensoriales diferentes son patológicas cuando se presentan en humanos?

Hughes observa que ha habido malentendidos y malas interpretaciones respecto a los sistemas sensoriales animales que han retrasado su comprensión durante cientos de años. «A veces es nuestra estrechez de miras, nuestro reducido marco de referencia, lo que supone el mayor obstáculo».[8]

No nos gustaría que se produjera el mismo retraso con nuestra especie humana. En este momento, tenemos la oportunidad de remediar errores y omisiones atroces que se han cometido sobre cómo entendemos, enmarcamos, describimos y respondemos a las diferencias entre los seres humanos. Robert Whitaker, autor del libro *Mad in America* [La locura en América], ha creado un sitio web que incluye blogs de historias personales sobre los peligros de la psiquiatría moderna. El sitio web, que se llama Mad in America: Science, Psychiatry and Social Justice ('la locura en América: ciencia, psiquiatría y justicia social'), permite a los visitantes compartir y recontextualizar sus experiencias de diferencias mentales y pretende que el gran público haga lo mismo.

Una historia que leí en este sitio parecía reflejar la comprensión de la idea de que la sensibilidad es algo que hemos de aprovechar y apreciar, y que este rasgo podría ser el *antídoto* para los males de la sociedad moderna. El autor describe a los «sensibles» como personas resolutivas en potencia y nos insta a que como sociedad mantengamos a estas personas sanas e intactas. Esto es esencial para cambiar el guion sobre la sensibilidad y la neurodivergencia, es decir, pensar en los cambios que podemos hacer respecto al funcionamiento de nuestro mundo *en vez de cambiar a las personas que forman parte de él.* Y puesto que las mujeres han estado ausentes en el proceso de dar forma a las grandes estructuras sociales y de los campos de la psicología y de la medicina, es probable que la inclusión sea la clave para ayudar a unificar una cultura fracturada, suavizar nuestras posturas defensivas contra la sensibilidad y que las mujeres (y los hombres) neurodivergentes puedan florecer en su vida y en cualquier otro ámbito.

Segunda parte

LOS MARCOS EXTERNOS

Capítulo 3

El autismo, la sinestesia y el TDAH

C. C. Hart se crio en el Valle Central de California, con una madre que era consciente de la gran conciencia corporal que tenía su hija desde niña. Su madre, que era enfermera, la animó a que se dedicara a las terapias manuales para que usara sus manos. Al final, Hart estudió masaje terapéutico. Un día, un cliente le habló de la sinestesia y, de pronto, sintió una especie de alivio y asombro a la vez. Por fin tenía una palabra que describía su experiencia de sentir lo que sentían los demás, de ver colores cuando leía libros, y demás peculiaridades. No se enteró de que tenía sinestesia hasta los cuarenta y pocos años.

Fue una niña superdotada que empezó a leer a los dos años y medio y siempre había visto las letras como colores y símbolos. También era sinésteta «tacto-espejo», sentía el dolor de los demás, tanto físico como emocional. «Veía un rasguño que se había hecho otro niño o niña y notaba una corriente eléctrica que recorría todo mi cuerpo de arriba abajo. Nunca se me había ocurrido decir nada al respecto porque para mí eso era "normal". No sabía que a otras personas no les pasaba lo mismo».

Las sensibilidades sensoriales de Hart son variadas y se pregunta si también se encuentra dentro del trastorno del espectro autista. Hacía poco que le habían diagnosticado TDAH, lo cual ella ya sospechaba y que descubrió *gracias a un psiquiatra que le dedicó el tiempo necesario para analizar e interpretar los matices de la «presentación de su síntoma» más allá de los estereotipos. Hay muchos casos en que el autismo, el TDAH y la sinestesia se producen simultáneamente. Ella describe su mundo como «demasiado o demasiado ruidoso».*

Ahora, de adulta, cuando entra en una habitación es como un imán para los demás, con su larga melena pelirroja y su ropa colorida y vaporosa. La tarde en que la conocí me dio un fuerte abrazo y experimenté la misma sensación de corriente eléctrica que ella describe. Su afabilidad es palpable. Pero cuando era niña, su madre la llevó a un pediatra porque le parecía que no era normal, ya que no tenía la facilidad para relacionarse con los demás como lo hacía su hermana. Muchas otras mujeres me han comentado estos mismos temas mientras escribía este libro: ser brillante, tener múltiples sensibilidades o diagnósticos, y tener padres que temían que sus hijas no fueran normales. Para las que seáis como Hart, nuestro sistema nervioso necesita tiempo para adaptarse al mundo «exterior» y a los ritmos entrecortados que parecen asaltos. Tras realizar una serie de ensayos y errores para descubrir qué tipo de trabajo es el que nos conviene para desarrollar nuestras habilidades, satisfacer nuestras necesidades y saber el tipo de personas que son compatibles con nosotras, al final podemos salir de nuestro caparazón.

El autismo

El denominado autista clásico es lo que muchos médicos y profanos describen como persona «socialmente torpe», que vive «en su mundo interior», que carece de empatía y es incapaz de relacionarse socialmente de una manera «normal» o «apropiada». Este lenguaje patológico describe a la persona según normas y expectativas individuales; no solemos detenernos a analizar lo que está sucediendo a gran escala en nuestra sociedad para que esta haya generado semejantes descripciones o haga que parezca que esas personas son tan «malas». Solo cuando retrocedemos y examinamos las conductas desde una perspectiva no estigmatizada podemos darnos cuenta de que quienes han sido descritos de ese modo no son *malos*; simplemente, son *diferentes* cuando se los clasifica de acuerdo con un barómetro establecido (que algunos consideran arbitrario). De hecho, a muchas personas de la comunidad autista les gusta darle la vuelta a la tortilla y señalan lo terrible que es la cultura neurotípica y sus expectativas: pensemos en las charlas triviales, en las formalidades sociales, en la mentalidad de grupo, en la sumisión y en otras conductas desagradables o agotadoras que son consideradas «normales».

Aunque figuras como el profesor y autor Temple Grandin han dado visibilidad a los dones del autismo, nuestra cultura en general permanece inmersa en imágenes y definiciones que ven este tipo de constitución neurológica como un defecto. Cada vez más valoramos el hecho de que el espectro de la experiencia autista es inmenso y que necesitamos la etiqueta *espectro*; ahora los defensores del autismo ya alzan la voz y desafían los ubicuos conceptos falsos.

El mejor sitio para ver esto es en X, donde medran la cultura y las personas autistas a nivel global, pues comparten sus historias e introspecciones personales a su manera y en su propio nombre. «Nada sobre nosotros sin nosotros» es un lema popular. Los autistas, en vez de ser estudiados desde fuera, expresan sus experiencias a su manera. X es un vehículo perfecto para esto, ya que no queda rincón por revisar ni ninguna pregunta es demasiado incómoda: ¿por qué es el índice de pensamientos suicidas más elevado entre las personas autistas? ¿Por qué los autistas prefieren que el mes de abril sea llamado mes de la «aceptación del autismo» en vez de mes de la «concienciación sobre el autismo»? La idea de que a las personas autistas les falta empatía, por ejemplo, suele tener detractores en X, porque hay quienes comparten que, de hecho, es más bien su *exceso* de empatía lo que hace que se cierren emocionalmente y se retraigan. No les falta empatía, les sobra. ¿Qué te parece este replanteamiento?

Lo que he sacado en claro en mi investigación, por las entrevistas que he hecho y al divulgar la experiencia autista, es que las personas autistas destacan por su alta sensibilidad, lo cual es un don y un reto a la vez. En el caso de las mujeres autistas, muchas de las cuales han sido sensibles toda su vida, pero sin saber que se encontraban dentro del espectro autista, el tema de utilizar y gestionar la sensibilidad es engañoso porque les han dicho o enseñado que no son normales. A raíz de ello, muchas han experimentado vergüenza, depresión y ansiedad grave.

La autora Samantha Craft es autista y a ella suelen recurrir mujeres que se preguntan si ellas también son autistas. Ha recopilado una lista no oficial que según ella es «un trampolín para el debate y para promover más concienciación sobre la experiencia del autismo femenino».[1] Esto puede ser útil porque los autores del DSM cambian con frecuencia de opinión, y muchos médicos y terapeutas van perdidos en lo que respecta al diagnóstico. A continuación tienes algunos síntomas de su lista para el autismo/aspérger:

Ven las cosas en muchos niveles, incluidos sus propios procesos de pensamiento.	Huyen con el pensamiento o la acción para poder sobrevivir a las emociones y sensaciones abrumadoras.
Analizan constantemente la existencia, el sentido de la vida y todas las cosas.	Huyen a través de fijaciones, obsesiones e interés exagerado en algunos temas; mediante la imaginación, la fantasía, la ensoñación y el procesamiento mental; a través del ritmo de las palabras.

Con frecuencia se pierden en sus propios pensamientos y «desconectan» (mirada perdida).	Huyen imitando a personajes televisivos o artistas de cine.
Les cuesta mentir.	Huyen a través de relaciones (imaginarias o reales).
Les cuesta entender algunas características humanas, como la manipulación, la deslealtad, la conducta vengativa y las represalias.	Se esconden en otras habitaciones en las fiestas.
Experimentan sentimientos de confusión y de saturación.	No pueden relajarse o descansar sin que les asalten los pensamientos.
Se sienten fuera de lugar o como si fueran de otro planeta.	Sienten un gran alivio cuando no tienen que ir a alguna parte, hablar con alguien, responder llamadas o salir de casa, pero al mismo tiempo se sienten culpables por «hibernar» y no hacer «lo que hace todo el mundo».
Se sienten aisladas.	Perciben a las visitas que vienen a su casa como una amenaza (puede tratarse incluso de un familiar habitual); aunque saben que no son una amenaza, las visitas les generan ansiedad.
Se obsesionan por una posible relación con alguien, especialmente amorosa o una nueva amistad.	Temen acontecimientos y citas venideros.
No tienen claras las reglas del contacto visual, tono de voz, proximidad física, postura corporal y actitud en la conversación.	Sienten ansiedad cuando saben que han de salir de casa y se sienten abrumadas y exhaustas por lo que ello conlleva.

Les agota hablar.	Se preparan mentalmente para las salidas, excursiones, encuentros y citas, con frecuencia con días de antelación.
Se cuestionan continuamente las acciones o conductas de sí mismas y de los demás.	Se cuestionan constantemente los próximos pasos y movimientos que van a realizar.
Se entrenan para las interacciones sociales a través de la lectura y estudiando a las otras personas.	Se sienten como si estuvieran sobre un escenario siendo observadas o como si siempre tuvieran que estar actuando para seguir los pasos «correctos».
Visualizan y practican cómo actuar con los demás.	Sienten una inmensa compasión por los que sufren (a veces objetos inanimados).
Practican/ensayan lo que van a decirle a la otra persona antes de entrar en la habitación.	Son sensibles a las sustancias (toxinas medioambientales, alimentos, alcohol, medicamentos, hormonas, etc.).
Les cuesta filtrar el ruido de fondo cuando hablan con los demás.	Se preguntan sobre su propósito en la vida y cómo ser «mejor» persona.
Mantienen un monólogo interior constante respecto a qué decir y cómo actuar en las situaciones sociales.	Intentan entender sus habilidades, talentos y dones personales.
Sienten una gran paz mental cuando saben que pueden estar todo el día en casa.	Se sienten atrapadas entre querer ser ellas mismas y ser aceptadas.
Necesitan mucho tiempo de descanso o de estar solas.	Imitan a los demás sin darse cuenta.
Se sienten culpables después de haber dedicado mucho tiempo a un interés especial.	Rechazan o cuestionan las normas sociales.

No les gusta estar en sitios muy llenos de gente, como un centro comercial, un gimnasio o un teatro.	Les cuesta sentirse bien consigo mismas.
Son muy sensibles a los ruidos, las texturas, la temperatura y los olores a la hora de dormir.	No entienden los chistes o las bromas.
Recolocan los cubrecamas, las sábanas y el entorno para estar más cómodas.	Recuerdan detalles sobre la vida de otra persona o detalles en general.
Anhelan ser vistas, oídas y entendidas.	Alivian la ansiedad escribiendo o siendo creativas.
Se preguntan si son «normales».	Tienen ciertos «sentimientos» o emociones hacia palabras o números.
A veces, adaptan su visión de la vida o de determinadas acciones basándose en las opiniones o palabras de otras personas.	Las tareas simples pueden suponer una gran dificultad para ellas.
Ven muchas cosas como una extensión de sí mismas.	Los lugares nuevos suponen una amenaza emocional.
No soportan las palabras o actos donde se hace daño a los animales o a otras personas.	Les asusta tener que enfrentarse a tareas que exijan un número razonable de pasos o cierta dosis de destreza o de saber hacer.
Esperan que actuando de cierta manera conseguirán los resultados deseados, pero al gestionar sus emociones se dan cuenta de que esos resultados no siempre se manifiestan.	Les entra ansiedad cuando piensan que han de reparar, arreglar o buscar algo.
Creen que todo tiene un propósito.	Evitan las tareas mundanas.

Les cuesta hacer amigos o mantenerlos.	Se sienten abrumadas por algo tan «simple» como ir a hacer la compra.
Tienen tendencia a compartir demasiado.	Les cuesta encontrar ciertos objetos en su casa, pero saben claramente dónde están otros; se angustian cuando no pueden ubicar algo o con el mero pensamiento de tener que ubicarlo.
No controlan sus impulsos al hablar (a edad temprana).	Perciben las situaciones como blanco o negro.
Monopolizan las conversaciones y hablan exclusivamente sobre ellas mismas.	Pasan por alto o no entienden el espectro medio de resultados, acontecimientos y emociones (tienen una mentalidad de todo o nada).
Les cuesta reconocer que les afectan las emociones extremas (la ira, el amor profundo) y les cuesta aplicar lo que han aprendido sobre las emociones de una situación a otra.	Reaccionan exageradamente: una pequeña discusión puede ser la señal para poner fin a una relación o para que se hunda el mundo; un pequeño cumplido puede elevarlas a un estado de dicha.
Siempre intentan comunicarse «correctamente».	Les gusta conocer el origen de las palabras y los hechos históricos, la raíz de las causas y los fundamentos de las cosas.
Tienen problemas para identificar los sentimientos, a menos que sean extremos.	Observan patrones en las cosas.

Identifican mejor los sentimientos personales de ira, rabia, amor profundo, miedo, aturdimiento y anticipación que las emociones de alegría, satisfacción, calma y serenidad.	Tienen memoria visual.
Ante los ojos de los demás parecen narcisistas y controladoras.	

Craft también enumera particularidades que se producen simultáneamente entre los que se incluyen el trastorno obsesivo compulsivo (TOC), temas sensoriales (vista, sonidos, texturas, olores, gusto, es decir, sinestesia), ansiedad generalizada, sentimientos polarizados extremos (deprimida/extasiada; desconsiderada/supersensible), fatiga crónica o problemas inmunitarios. Y como hemos visto, una persona autista puede ser diagnosticada de «enfermedad mental» erróneamente.

El autismo es, por lo tanto, un grupo de atributos vivos que se pasan por alto en el diagnóstico porque son muy extensos, se superponen con muchos otros rasgos y están contaminados por los estereotipos que aparecen en los medios de comunicación. De ahí que muchas mujeres se lo autodiagnostiquen. Para las que obtienen alguna confirmación de un profesional, se pueden haber considerado muchos diagnósticos diferentes, siendo el autismo una especie de opción final. Por consiguiente, muchas mujeres no adquieren un conocimiento exhaustivo de ellas mismas hasta que son bastante mayores.

Tocar las estrellas

«Nunca me han dado un diagnóstico oficialmente. Está en mi lista de cosas pendientes», me dijo Sara Seager. Seager, científica y astrofísica graduada por el Instituto Tecnológico de Massachusetts, se dedica a buscar planetas que están fuera de nuestro sistema solar, pero la lista de la compra le trae de cabeza. «Alguien escribió un artículo sobre mí donde dejaba entrever con bastante claridad que yo tenía aspérger, y uno de mis mentores lo leyó. Su esposa era una de las primeras doctoras especializadas en autismo, mi mentor me llamó y me dijo que su esposa le había dicho que definitivamente yo estaba dentro del espectro autista. Al principio dije: "No, yo no tengo eso". Pero me puse a reflexionar sobre ello y todo cobró sentido. Cuando era pequeña los demás niños y niñas pensaban que era rara. Uno de mis amigos que tiene aspérger nunca se relacionaba con los demás niños cuando era pequeño. Yo no llegaba a ese extremo, pero antes de descubrir que yo tenía aspérger, me di cuenta de que siempre me hacía reír. Una vez, quedamos para ir a comer *pizza* y llegué cinco minutos tarde. Cuando lo miré estaba como pensando: "¿Cuál es el protocolo cuando alguien llega tarde?". Sinceramente, no sabía qué hacer, tuvo que escribirlo todo, como cuántos minutos de retraso hay que esperar antes de enviar un mensaje sin parecer grosero. Me fijaba en cómo mi amigo se desenvolvía en el mundo, y más adelante, vendría la ironía de que yo también era aspérger».

Seager ha recibido una Beca MacArthur, un prestigioso y exclusivo premio que se otorga tan solo a unos pocos elegidos. Ha participado en libros, conferencias y comités académicos, y cuando le hice la entrevista, acababa de firmar un contrato de siete cifras con una editorial. Me contó que muchos alumnos se enamoraban de ella. Eso la hacía sentirse «normal», pero por lo demás, cuando piensa en su pasado, se da cuenta de que siempre se había sentido muy diferente hasta que llegó al MIT. Ahora está en su salsa y siente que pertenece a ese ambiente, que encaja en ese lugar.

«Ahora, cuando rebobino y recuerdo toda mi vida, todo me cuadra. Mi hermana me dijo una vez que mi vida era rígida y estructurada —me comentó riéndose—. Si algo no sale tal como lo tenía previsto, me siento muy mal y el día casi se me viene abajo». Compartió conmigo la confusión y la frustración que se apoderan de ella cuando cambia algo en su agenda, alguien no se ciñe a lo que estaba planificado o sucede cualquier imprevisto. Me sentía identificada con su experiencia mientras la escuchaba.

Los días de Seager son estructurados y están muy llenos. Suele llegar a su trabajo a las seis y media o siete de la mañana y trabaja en su investigación dos horas, que le cunden como todo un día. Después, se pasa el resto del día dando clases o asistiendo a reuniones. Cuando llega a su casa por la tarde, saca a pasear a su perro y hace llamadas a la Costa Oeste. A eso de las cinco de la tarde, lleva a sus hijos a sus actividades deportivas.

Pero necesitó varios años para aclararse con la lista de la compra, algo que según me dijo cree que ya tiene superado.

Cuando llegaba a la tienda preguntaba: «¿Dónde están las manzanas?». Aunque ella pensaba que empleaba su tono de voz normal, a los demás les podía parecer que estaba siendo grosera y brusca y que les estaba gritando. Para ella tratar con la gente (su «interfaz con el mundo», usando sus propias palabras) es su mayor reto: «Tengo que ir más despacio y hablar primero de algo sin importancia». Una vez, su vecina se tomó la molestia de explicarle lo que hay que hacer para empezar a socializar, abordar las cosas poco a poco, hacer preguntas y retirarse amablemente. En el parque para perros de su barrio, Seager se pone nerviosa cuando algún vecino, amante de los perros, tarda siglos en ir al grano para pedirle que firme una petición. A ella le gustan las interacciones claras, directas y eficaces.

Siente curiosidad por averiguar cómo funcionan las cosas, por ejemplo la caldera de su casa, y «detectar» cuándo están a punto de estropearse por «el ruido que hacen». Pero está convencida de que las cosas las han hecho tan complicadas innecesariamente. Yo me he planteado lo mismo: no sé por qué las sencillas tareas cotidianas no se explican o enseñan con claridad.

Respecto a sus sensibilidades particulares, Seager dice: «No me gusta que me abracen o toquen, ni siquiera ahora. Parece una rareza. Nunca me lo había planteado en términos de sensibilidad, pero tal vez lo sea». En su infancia, su padre, que era médico, pensaba que era «retrasada mental», según las palabras de su padre, porque muchas veces se quedaba con la mirada perdida. «También lloré mucho durante los primeros dos años de mi vida. Nunca me dieron mucha más información al respecto, y mi padre ya no está vivo, por lo que no puedo preguntarle, pero creía que a mí me pasaba algo».

Seager dice que «en el MIT, parece que la mayoría de las personas están en alguna parte del espectro. Me siento como en casa. Y muchas personas [en el MIT] dicen que es la primera vez que tienen amigos». Allí les va bien el estilo directo, facilita la vida, pues elimina la barrera del cojín del lenguaje de las charlas triviales. En el MIT, puede bajar la guardia, y muchos de sus colaboradores son muy «aspergerianos», como dice ella. Allí la gente tolera bien su estilo de comunicación, pero para ella tratar con el mundo exterior neurotípico es agotador. Consume una gran cantidad de energía emocional pensando en todo antes de hablar o de actuar. «Me cansa», reconoce.

Seager me cuenta lo que ha aprendido sobre el ritmo de la conversación, «charlar de tonterías» y otras formalidades sociales. A veces, espera pacientemente mientras los demás se toman su tiempo para entender algo, pero para ella es una forma de «ejercitar la paciencia». Llama a menudo a su marido al trabajo para saber cómo le va; entonces, de pronto, siente que ya ha terminado y dice: «vale, adiós» y cuelga. «Mi esposo solía llamarme narcisista, pero cuando salió a la luz todo esto del aspérger, dejó de hacerlo. Nos ayudó mucho, porque creo que le ha servido para entender que cuando corto algo de repente, no es porque sea maleducada, sino porque es mi forma de ser. Y a mí me ayuda a darme cuenta de que él es muy sensible y que he de ser más consciente de ello. Ahora que es un tema más abierto entre nosotros, nos ayuda un montón.

Para concluir, afirma: «Estar dentro del espectro ha contribuido a mi éxito». Ella atribuye gran parte de ese éxito a que, cuando era pequeña, no se preocupaba por los mismos temas superficiales que sus compañeras. Su vida mental la protegía de la necesidad de mantener conversaciones triviales y de seguir normas sociales ineficaces que hacen que muchas adolescentes malgasten su tiempo y su energía intentando «amoldarse». Ahora, tiene un par de hijos que la entienden muy bien y una relación entrañable con su marido. Le encanta su trabajo. «Siempre me han gustado las estrellas, la astronomía y pensar en qué es lo que hay ahí fuera. Era buena en matemáticas y física, y fui capaz de aprovecharlo. Tengo suerte de ser buena en algo que me encanta».

La sinestesia

La sinestesia es un fenómeno del cerebro bien documentado, en el que los sentidos de la persona se «cruzan»; por ejemplo, escuchar sonidos puede desencadenar un campo visual de colores. Una faceta singular de la sinestesia se llama «sinestesia de tacto-espejo», es decir, una persona puede sentir lo que siente otra simplemente observando lo que le está sucediendo.

El pódcast *Invisibilia* de la NPR (Radio Pública Nacional) documentó la experiencia de una mujer con sinestesia[2] y describió con detalle que tenía que permanecer aislada dada la gravedad de su característica. Una vez estaba en una tienda de comestibles y se desmayó irremediablemente cuando un niño que estaba cerca de ella se cayó. Otras veces, le abruman las emociones de los niños o de los adultos que tienen cerca; a esto algunos terapeutas lo llaman «sinestesia de emoción espejo».

La sinestesia es tema de muchos estudios.[3] Uno de 2011, publicado en la revista *Journal of Neuroscience*, exponía que los sinéstetas eran superiores en cuanto a reconocimiento de expresión facial, pero no en reconocimiento de identidad facial. Los investigadores concluyeron que los sinéstetas de tacto-espejo tal vez posean un sistema de procesamiento emocional más sensible y llamaron la atención sobre el sistema somatosensorial en el proceso de la empatía emocional y de la percepción de la expresión. Un estudio de 2007, publicado en *Nature Neuroscience*, reveló que los participantes dieron un mayor porcentaje de errores de tacto-espejo que los participantes del grupo de control; es decir, los sinéstetas confundían más veces la percepción del tacto con el tacto real, porque para ellos es lo mismo. Y en un estudio de 2013, de la revista *Emotion*, se concluyó que los sinéstetas de tacto-espejo tenían una respuesta más exacta y aguzada de reconocimiento del miedo, pero no de la felicidad ni de la aversión. Como hizo Elaine Aron en su descripción de las personas altamente sensibles (PAS), se consideró su hipersensibilidad como una estrategia de supervivencia evolutiva; los investigadores de este estudio también concluyeron que la confianza en los mecanismos somatosensoriales podría ser una adaptación evolutiva, lo cual explicaría la existencia y persistencia de la sinestesia de tacto-espejo en los seres humanos.

C. C. Hart, la sinésteta que hemos conocido anteriormente, me dijo que cuando era niña, podía «decir en qué página había cierta escena porque todas las páginas tenían sus correspondientes colores». Esto le había pasado toda su vida, pero no tenía un nombre para esta experiencia. Saber que tenía nombre y que había otras personas en el mundo a las que les pasaba lo mismo la hizo sentir que pertenecía a una comunidad y se sintió más conectada. «Me abrí mucho, tuve una increíble sensación de alivio al saber que había comunidades de personas que eran como yo. El sentimiento de que había otra gente que tenía las mismas experiencias me ayudó a recalibrar lo que significa ser neurodivergente». Ahora es miembro de la junta de la Asociación Internacional de Sinéstetas, Artistas y Científicos (AISAC).

Ahondar y analizar

Muchas personas entienden la experiencia de sentir a los demás, las emociones y su entorno; de hecho, a muchas nos resulta una parte natural de quienes somos. Actualmente, los estudios sobre las neuronas espejo, la empatía y la neurodivergencia confirman esta experiencia y le otorgan un muy necesario enfoque dentro de la academia. Esta sensibilidad también se ha observado en otras especies animales como simios, aves, roedores y peces; los estudios describen miembros seleccionados de una especie que demuestran mayor «capacidad de respuesta», «flexibilidad» y «plasticidad», lo cual indica una ventaja evolutiva. En los últimos años este campo ha pasado a ser conocido como «biología sensorial» (con investigadores entregados de las universidades Johns Hopkins, Duke y California, así como de otros campus) y se ha centrado en los animales. Pero ¿qué significa todo esto aplicado a los seres humanos? Ahí es donde las neuronas espejo entran en juego.

Marco Iacoboni, en su libro *Las neuronas espejo*, escribe: «El cerebro humano contiene unos cien mil millones de neuronas, cada una de las cuales se conecta con miles, incluso decenas de miles, de neuronas. Estas conexiones o sinapsis son el medio mediante el cual las neuronas se comunican entre ellas y su número es abrumador».[4] Iacoboni fue alumno de Giacomo Rizzolatti, el científico italiano que «descubrió» las neuronas espejo cuando estudiaba a los simios en su laboratorio de Italia. Rizzolatti se centró en el neocórtex, concretamente en una zona de este etiquetada como F5, que se encarga de planificar, seleccionar y ejecutar acciones. El científico observó algo: registró un brote de actividad procedente del cerebro del mono que lo estaba observando, aunque este no se movía ni copiaba los movimientos del científico. Esto le sucedió varias veces. «Ni ellos ni ningún otro neurocientífico del mundo podía haber imaginado que las células motoras podrían activarse por la mera *observación* de las acciones de otro, sin que hubiera ninguna acción motora implicada —escribe Iacoboni—. No tiene sentido que se activen las células del cerebro del primate que envían señales a otras células y que están conectadas anatómicamente con los músculos, cuando el mono está completamente quieto, con las manos en el regazo, observando las acciones de otro. Sin embargo, lo hicieron».[5]

En aquel momento, los neurocientíficos creían que había funciones específicas controladas por el cerebro que estaban limitadas a «casillas» específicas. Esta creencia es comprensible porque está en la misma línea del pensamiento mecanicista anterior que había dominado el estudio del cerebro. Como explica Iacoboni, los neurocientíficos siempre se han inclinado a creer que la percepción, la cognición y la acción eran esferas distintas. Pero ahora es fascinante que empecemos a albergar la posibilidad de que existe una mezcla y más complejidad. Experimentos posteriores descubrieron que la proximidad también determinaba una respuesta espejo y que las simulaciones no servían para conseguir esa reacción: los objetos o las personas que ejecutaban la acción tenían que ser *reales*, no robots o gráficos, para despertar esa respuesta. Se observó que los campos receptivos táctiles y visuales estaban relacionados en el cerebro. Así que nació una nueva idea en la neurociencia, por la cual algunos investigadores concluyeron que el cerebro estaba intentando crear un mapa que tuviera en cuenta el espacio visual y táctil que envuelve el cuerpo y que explicara las acciones potenciales dentro de ese espacio.

Este descubrimiento y la evolución de nuestra comprensión de las neuronas espejo es importante para situar un marco de neurodiversidad en la vida moderna. Los investigadores italianos estaban intrigados y perplejos, y recurrieron a anteriores explicaciones filosóficas de la conducta, la acción, la empatía y el aprendizaje humanos. Rizzolatti y sus colaboradores se alejaron de una gran parte de la historia de la ciencia del cerebro, se aventuraron y se hicieron famosos por su amplitud de miras y sus investigaciones. Esta forma de pensar preparó a las ciencias de la psicología sobre cómo debía plantearse la neurodiversidad, dado su enfoque natural en la variedad, en contraposición a un modelo mecanicista o reduccionista de las diferencias mentales basado en la enfermedad.

El sinésteta sintetizador

Joel Salinas, neurólogo de la Universidad de Harvard, tiene sinestesia y documenta el solapamiento con otros rasgos, como el autismo, en su libro de 2017 *Mirrow Touch: A Memoir of Synesthesia and the Secret of the Brain* [Tacto-espejo: una memoria de la sinestesia y el secreto del cerebro]. Salinas me confirmó la interacción única que se produce entre los genes, la biología y la experiencia que da lugar a este solapamiento de rasgos sensitivos o diagnósticos. «Las personas que se encuentran dentro del espectro autista tienen muchas más probabilidades de tener sinestesia en comparación con la población general», dice. Los estudios también lo confirman.

«¿Podemos llamar autista a alguien que tiene sinestesia? —pregunta retóricamente, mientras hablamos—. Al final, resulta ser una cuestión de semántica y tecnicismos, porque todo esto no son más que conceptos. Cuando hablamos de sinestesia estamos intentando describir una experiencia sensorial. Alguien que tiene sinestesia no necesariamente cumple las condiciones o criterios para que se lo etiquete como persona con trastorno del espectro autista».

La osadía técnica de Salinas me tranquiliza mientras hablo con él, pues sus matizados conocimientos y perspicacia superan los de la mayoría de los psicólogos y psiquiatras. Como «neurólogo de la conducta», estudia la relación dinámica entre las relaciones sociales, los genes y los rasgos neurológicos. «Muchos de los genes que hemos identificado que están vinculados con la sinestesia se solapan con genes que hemos identificado como grandes candidatos para el espectro autista o que es probable que estén implicados en él». Tanto en los autistas como en los sinéstetas se han observado diferencias en las conexiones cerebrales, lo cual explica por qué ambos grupos tienen sensaciones similares. Otro hallazgo adicional es que la *descripción* de las personas autistas de sus experiencias de sensación y de diferencias sensoriales se solapa con la de las personas con sinestesia.

C. C. Hart, por ejemplo, dice: «Me pongo auriculares para ir en tren, del mismo tipo que los que usan los DJ para insonorizar el ruido exterior. Tengo problemas para filtrar el sonido ambiental del sonido en el que me tengo que enfocar, como el de las personas que están sentadas a mi lado. Los sonidos también tienen colores o sentimientos en mi cuerpo, y cuando estoy en un entorno con una gran variedad sensorial siento como si me estuvieran dando una paliza». Esta forma de describir su entorno sensorial es casi idéntica a la que muchas mujeres autistas utilizan para describir su vida. «Conocer la sinestesia fue lo que me ayudó a reconocer las dificultades que siempre había tenido con el procesamiento de la respuesta sensorial, especialmente la táctil y la auditiva. Tengo un umbral muy bajo de tolerancia para los olores cuando algo huele muy fuerte. Tengo poca tolerancia para estar en lugares donde hay mucha gente, poca tolerancia para los aromas y el ruido, así que los asimilo poquito a poco», dice Hart.

La perspectiva de Salinas como profesional de la medicina y sinésteta también nos aporta una visión fascinante. Me puse en contacto con él después de leer su libro y me fui en avión a San Francisco desde Boston, para organizar un evento relacionado con el Proyecto para la Neurodiversidad, del que soy anfitriona (se trata de un foro comunitario para autores que exploran investigaciones y soluciones innovadoras en la medicina y en la sociedad). Como persona extraordinariamente clara y elocuente, enseguida se ganó mi respeto por sus afables modales y su aguda perspicacia científica.

Salinas, que creció en Miami, aunque estuvo un breve periodo de tiempo en Nicaragua, experimentaba las sensaciones intensamente, pero jamás había tenido una palabra que describiera los colores y la empatía que llenaban su vida cotidiana. En la India, país al que fue en un viaje de la Facultad de Medicina, alguien mencionó la sinestesia, y de pronto, todo cobró sentido para él. En su libro, describe con detalle lo que supone realizar una operación quirúrgica, dar un abrazo o tratar a un paciente de psiquiatría siendo sinésteta; basta con decir que él siente todo con tanta intensidad que ha tenido que aprender a aceptar y a gestionar esa experiencia. Para él, la empatía profunda y el agobio son las dos caras de la misma moneda, y ha aprendido a dominar el arte de poner unos límites saludables para él y para los demás. En mi opinión, parte de lo que lo ha convertido en un neurólogo tan popular en la Universidad de Harvard y en el Hospital General de Massachusetts es que encarna la neurodiversidad cuando se relaciona con pacientes neurodivergentes. Entiende y acepta la diferencia, no siente necesidad de patologizarla e intenta «tratar» a la gente solo cuando manifiesta su aflicción y su deseo de recibir tratamiento.

«¿Es la sinestesia un don, una maldición o ninguna de las dos cosas?», preguntó Salinas en una conferencia recientemente, y según él, lo mismo se podría plantear no solo del espectro autista, de la sinestesia o de otros rasgos, sino también del cerebro en general. «¿Tiene tu cerebro un don, una maldición o ninguna de las dos cosas?», reitera. La clave está en el contexto, nos dice, porque en una situación, un conjunto de rasgos puede ser sumamente beneficioso y, en otra, esos mismos rasgos pueden ser un «obstáculo».

Me puso un ejemplo de una mujer con trastorno obsesivo compulsivo según la descripción del DSM. Es muy obsesiva y apenas puede actuar en situaciones en las que ha de tomar decisiones rápidas. Pero es una genio en quirófano, donde es técnica de esterilización y organiza el instrumental médico para los cirujanos en el momento exacto. Es muy meticulosa, en parte porque su cerebro es así, y así está programado por naturaleza. De modo que lo que en según qué circunstancias supondría un impedimento, en otras es una ventaja, como en el caso de los quirófanos. «Realmente, depende del contexto, que es la razón por la que el DSM y sus definiciones se han de contextualizar. La función del DSM es dar nombre a alguien cuyo funcionamiento se sale de la norma, es decir, alguien que presenta problemas de funcionamiento en el trabajo o en la sociedad, básicamente personas que padecen angustia de una manera u otra. Y es el *paciente* el que expresa su angustia, no un familiar que se angustia por la conducta de esa persona».

El profesional de la medicina es el que tiene la responsabilidad de indagar y determinar si el problema es el entorno o si está sucediendo algo en el cerebro o el resto del cuerpo de esa persona. «Esa es o debería ser la finalidad de la medicina —dice Salinas—. Mi política es no utilizar el DSM para etiquetar a las personas, porque eso puede provocar todo tipo de alienaciones y soledad, y eso a su vez puede crear más problemas; pero sí lo uso para ayudar a aquellos que sufren angustia. Algunos se benefician de esa etiqueta negativa, pero no le pasa a todo el mundo». Me habló de una paciente que tenía una serie de síntomas cognitivos de depresión, y cuando se lo explicó, ella empezó a llorar porque se sintió muy aliviada al saber que había un nombre para lo que le sucedía. «Es en esas situaciones en las que el DSM puede ser útil, pero cuando se usa para estigmatizar o imponer [sus clasificaciones] sobre alguien, entonces creo que puede ser perjudicial».

Salinas cree que el DSM es una herramienta extensa y primitiva que hasta ahora se ha utilizado para comprender el cerebro, pero está convencido de que podremos entender su funcionamiento mucho mejor si nos concentramos en la interacción entre la biología y el entorno. «Creo que la psiquiatría va en esa dirección, lo que significa que también se está acercando a la neurología». Se está alejando de los típicos formularios de observaciones y se está centrando más en patrones fisiológicos. Por ejemplo, el cerebro suele reaccionar de esta manera o de esta otra en tal y tal contexto. O tu cerebro parece X o B, o tus conexiones cerebrales parecen A o B, o tú tienes esta gama de genes. «Creo que esto nos conducirá a una mejor comprensión sobre cuál es la causa subyacente, y cuanto más específicos seamos sobre dicha causa, más específicos podremos ser sobre los tratamientos para las personas que *están* en peligro».

Puesto que Salinas es neurólogo de la conducta, uno de sus objetivos es descifrar qué es lo que están comunicando sus pacientes.

«Todos vivimos en estos cuerpos en los que hemos nacido, sin que los hayamos elegido; nuestros cuerpos manifiestan todo tipo de cosas extrañas, y nuestros cerebros están encerrados en esta tumba oscura, en la que no hay forma de saber realmente lo que experimenta otra persona». El lenguaje es nuestro principal instrumento de comunicación, aunque tiene sus limitaciones, por supuesto. «Pero intentar analizar con el mayor número de matices posible lo que una persona está intentando comunicar creo que puede ser una gran ayuda».

El tercer factor: el TDAH

La coexistencia de autismo y sinestesia está bien documentada, pero las sensibilidades que encontramos en el autismo y el TDAH son aún más conocidas. Para los autistas, las actividades sensoriales suelen dictar el desarrollo de conductas particulares. Las estereotipias se refieren a los movimientos (como el aleteo con las manos o repiquetear con los dedos) que les ayudan a aliviar su ansiedad tras una sobreestimulación. También puede ser una estereotipia mental, como repetir números, palabras o letras (que se conoce como *ecolalia*). Por ejemplo, cuando era niña, contaba mentalmente los postes de la luz que había en mi calle y cada vez que llegábamos en coche, marcaba mentalmente el punto intermedio entre cada poste.

En el TDAH la sensibilidad se manifiesta de otro modo. Los estímulos fuertes excitan y confunden a las personas con este trastorno, porque se saturan y sobrecargan de estímulos con facilidad sin darse cuenta de que están llegando a ese extremo. La regulación sensorial y emocional no es fácil, lo cual explica parte de su sobrecarga sensorial, o sus *meltdowns* o estallidos, comunes tanto en las personas con TDAH como en las autistas. Estas dos

neurodivergencias comparten la experiencia de saturación sensorial gradual, de la que necesitan recuperarse.

Un informe de 2006, de la Sociedad Nacional para el Autismo, indica que las personas autistas tienen un umbral más bajo
para los estímulos acústicos, visuales, orales y táctiles.[6] Se observó que estas «anormalidades» disminuían con el tiempo, salvo la
sensibilidad al tacto. Un estudio de 2014, publicado en el *American
Journal of Psychiatry*, documenta la «disregulación» emocional que
sufre entre el treinta y el setenta por ciento de la población con
TDAH, lo que convierte la sensibilidad emocional en un problema
de mayor envergadura de lo que se había pensado en un principio.[7]
La sensibilidad es primordial para ambas neurodivergencias y queda enmascarada por el uso de palabras como *disregulación*, *anormalidad* y *disfunción*.

Normalmente, se piensa que el TDAH es algo que hace que
los niños y niñas estén nerviosos, distraídos y que no puedan permanecer quietos. Los médicos e investigadores no suelen prestar
mucha atención a lo que está sucediendo bajo la superficie y en su
entorno. Y, como no, se presta menos atención si cabe a las niñas
y a las mujeres. Como sucedió con el autismo, nuestros estereotipos desfasados se basan en gran medida en el entusiasmo y el afán
inicial de la comunidad médica por identificar y enmarcar el nuevo conjunto de conductas que estaba emergiendo. Y puesto que
hay tantas niñas y mujeres con TDAH que son «inteligentes» y a
las que les han ido bien en los estudios, han pasado desapercibidas
para los radares del diagnóstico y de la investigación. Las mujeres
con TDAH, que llevan años afrontando retos logísticos, suelen estar descontentas consigo mismas por no considerarse lo suficientemente buenas, por no llegar nunca a «dar la talla» en el trabajo
o en su casa, y padecen ansiedad y depresión. Pero muchas de estas mujeres también usan su don de la hiperconcentración para

sobresalir entre sus iguales: en escritura, investigación, arte y otras áreas. Recordemos, sin embargo, qué implican las palabras *déficit de atención*: el TDAH no es un *déficit* de atención, sino una dificultad para regularla a voluntad o cuando es necesario. Las personas con este trastorno suelen tener *demasiada* atención, solo que no en los momentos o situaciones «socialmente aceptables», según nuestras sociedades altamente reglamentadas y estructuradas.

La sensibilidad entre las personas con TDAH es fascinante, importante y marcadamente distinta de lo que vemos en las PAS o las autistas. Para mí la sensibilidad en el TDAH tiene dos facetas. La primera es una profunda curiosidad y sensibilidad por la información y los estímulos nuevos, experiencia no tan diferente de la de la abeja que se siente atraída por descubrir todo el polen que pueda. La segunda es la sensibilidad como consecuencia de tener TDAH, especialmente si no se sabe que se pertenece a este espectro, en que las personas se vuelven sensibles a las críticas y a ser juzgadas. Es difícil hacer bien las cosas en algunas ocasiones, y en otras, sientes que eres un fracaso total: por llegar tarde, faltar a una cita, no poder cumplir con una fecha de entrega, confundirte de fecha o de hora, u otros resultados de haber puesto a prueba la corteza prefrontal y forzar el funcionamiento ejecutivo. También hay una sensibilidad para con nosotras mismas, nuestras propias emociones, regular dichas emociones y no ser tan duras con nosotras mismas. No es de extrañar que los *meltdowns* o «estallidos» sean comunes en los adultos con TDAH, es decir, una pataleta de adulto. La sobrecarga sensorial se vuelve insoportable cuando alguien intenta mantener unidos múltiples hilos de información o expectativas en un contexto neurotípico.

Desde pequeña he tenido que lidiar con estos estallidos, pero no tenía ni idea de qué eran. Era muy susceptible a ser juzgada o criticada y de pronto experimentaba brotes súbitos de ira o de frustración. Una gran parte de esta experiencia se debe a la acumulación de traumas: tras repetidos intentos de hacer «bien» las cosas y no ser capaz de «conseguirlo», la persona con TDAH acaba estallando debido a la frustración. Y los demás no entienden nada porque lo que le sucede le pasa por dentro, bajo la superficie. Es una lucha interna que muchos mantienen durante años, antes de descubrir lo que les está pasando realmente.

La educación superior

«Probablemente, pasaron unos tres meses desde que me había doctorado antes de que ya no pudiera seguir concentrándome y tuviera la sensación de que no estaba presente durante la semana —me dijo un día mi amiga Estephanie sobre su TDAH no diagnosticado—. Llegaba a casa mental y emocionalmente agotada y me pasaba la mayor parte de los días desconectada, como ida. Los fines de semana tenía dos días para mí, pero estaba exhausta y todo me resultaba todavía más difícil. El tiempo volaba y no podía terminar nada. En la facultad, las tareas estaban estructuradas y eran variadas, y no nos pasábamos todo el día sentados en una mesa trabajando en el ordenador haciendo siempre lo mismo. Temía el final de los estudios precisamente por esa razón».

Estephanie estaba angustiada por su falta de autonomía y permanecía tan hiperconcentrada en su educación que nunca se detenía a pensar en otras alternativas para su vida después de graduarse. «¿Por qué soy siempre tan poco productiva? —le preguntó un día a su terapeuta—. ¿Por que estoy siempre como ida?». El terapeuta le sugirió que tal vez tenía TDAH, y ella pensó: «De ninguna manera».

Estephanie era una de mis compañeras de clase en el curso para graduados de la Facultad de Salud Pública de la Universidad de Harvard, antes de que ninguna de las dos tuviéramos conocimiento de nuestros rasgos neurológicos. Siempre nos habíamos llevado bien. Se crio en Oakland, California, y era la primera hija de unos refugiados vietnamitas. Fue una niña ansiosa, que siempre observaba y se fijaba en detalles que sus iguales y familiares pasaban por alto. Además, se dio cuenta de que era lesbiana, lo cual la llevó a autoconsiderarse la oveja negra de la familia. Lo que me llama la atención cuando hablo con ella es la forma en que describe sus sentimientos de sobrecarga sensorial. Había sido una buena alumna, y ahora, daba clases en la Universidad Estatal de California, pero algo no iba bien. Parecía que lo que le exigían las estructuras y los estilos de trabajo actuales no era adecuado para su cuerpo y su mente.

Estephanie reconoce que tiene TDAH y describe varias diferencias de procesamiento sensorial que dominan su vida cotidiana: «Los ruidos estridentes me molestan sobremanera. Me satura antes la información que la sobrecarga sensorial, que es la razón por la que los centros comerciales me resultan tan desagradables». Para ella, probarse ropa es agotador, como lo es ir a comprar comida: «Las luces muy brillantes, las cajas y los precios me abruman, me olvido de que llevo una lista y empiezo a mirarlo todo y a absorber información, como los dibujos, los colores y la forma en que están organizados. Al principio, no es desagradable, me gusta cuando estoy siendo bombardeada con información sensorial y lo disfruto, pero el problema está cuando he de procesarla, y eso me agota».

Me contó que siente que «disocia» cuando está sola en una habitación y se olvida de las tareas que tiene que hacer en el mundo real. «Vivir sola es difícil porque me levanto por la mañana y no hay ninguna presencia humana que me recuerde que lo que tengo en mi cabeza no está sucediendo realmente y que he de estar aquí presente en este mundo físico haciendo cosas. Hay días en los que me cuesta mucho levantarme y cepillarme los dientes. Me siento en la cama y me pongo a hacer la colada o voy a hacer recados *mentalmente*, pero en realidad no los estoy *haciendo*».

Estephanie está graduada en tres universidades, la Estatal de California, Harvard y Johns Hopkins. Está sumamente cualificada y motivada, no ha «fracasado en el arranque». Y lo que ella describe como encerrarse en sí misma, en realidad, es que está aflorando su sensibilidad, experiencia frecuente en mujeres con TDAH. Muchas de estas mujeres que he entrevistado se sienten muy frágiles y «sumamente sensibles» ante las estructuras altamente reguladas de sus vidas, y dicen que se avergüenzan por no poder cumplir las expectativas que los demás tienen sobre ellas. Pueden entender la física cuántica, escribir disertaciones para doctorados o viajar por el mundo como estrellas de la interpretación, pero cuando se trata de lo que se espera de ellas en las «tareas básicas» de ser «adultas funcionales», se sienten profundamente incapaces.

Maria Yagoda estudiaba en la Universidad de Yale cuando le diagnosticaron TDAH. Escritora y periodista con talento, posteriormente «sacó» algo bueno de su diagnóstico y se convirtió en un ejemplo para otras mujeres con TDAH. «No cabe duda de que cuando algo me fascina he de dedicarle todo mi tiempo y energía», me dijo en una entrevista. También describe sensaciones de estar quemada sensorialmente, de ansiedad y, en ocasiones, de depresión general. Puede manejar y cambiar múltiples fechas límite rápidamente, pero para ella es mucho más difícil saber dónde ha puesto las llaves y el monedero todos los días. «A veces, los peores días (con noticias de última hora, demasiadas reuniones, dramas familiares) puedo concentrarme mejor que en un día normal. Siento como si fuera con la marcha de la productividad».

Llamada de atención

Un factor que contribuye a toda esta disonancia es que se suele omitir la presencia de niñas y mujeres en las investigaciones científicas sobre el TDAH y otras neurodivergencias, de manera que ni profesores, ni médicos, ni otros especialistas pueden reconocer a ciencia cierta conductas o patrones de pensamiento que coincidan con el TDAH o el aspérger. Dado que la mayor parte de lo que sabemos sobre tales neurodivergencias se basa en las investigaciones realizadas con varones, es probable que miles de niñas y mujeres sufran innecesariamente debido a la falta de concienciación o a un mal diagnóstico.

Al mismo tiempo, si tal neurodivergencia, simplemente, forma parte de la experiencia humana, como se nos diría en el marco de la neurodiversidad, ¿qué hacemos entonces con todas estas etiquetas? Hemos de aprender a reconocerlas para tener un buen punto de partida que nos ayude a expresar, seleccionar y definir experiencias; pero los estereotipos se interponen y distan mucho de representar la realidad, especialmente la de las mujeres, y por ende, describen solo a una fracción de la población neurodivergente.

Los estudios recientes y las pruebas anecdóticas han ayudado al reconocimiento de que las neurologías divergentes son mucho más frecuentes en niñas y mujeres, y que estas básicamente se ocultan a plena vista. Por ejemplo, una niña o una mujer con TDAH es mucho más probable que tenga el tipo de TDAH por falta de atención y que muestre una tendencia a soñar despierta, pero también a la hiperconcentración, es decir, que posea la habilidad de concentrar todos sus esfuerzos en una sola cosa, hasta llegar a dominar lo que está haciendo. Con su capacidad para concentrarse en sus libros, deberes y exámenes, es normal que destaque en la escuela, por lo que ni los padres ni los profesores o médicos pensarán nunca en un TDAH. Pero cuando una joven va a la universidad o se enfrenta a una transición importante en su vida, donde se queda sin sus estructuras rutinarias y necesita depender de su funcionamiento ejecutivo para atender los detalles logísticos de la vida diaria, en los que nunca había tenido que pensar antes, su experiencia cambia radicalmente.

Lo mismo sucede con el aspérger y el resto del trastorno del espectro autista: las investigaciones y un gran número de entrevistas demuestran que debido a la forma en que socializamos las niñas y las mujeres, con frecuencia reflejamos e imitamos las conductas de las mujeres que nos rodean y aprendemos cómo hemos de «ser» e interactuar con los demás. No obstante, interiormente, tienen que utilizar una enorme cantidad de energía para seguir las pautas sobre cómo actuar: qué decir, cuándo decir qué o cómo mover su cuerpo en un acto social en concreto. En algún momento de su vida, normalmente cuando sus responsabilidades de adultas las superan, la cantidad de energía que necesitan para seguir fingiendo o «pasando desapercibidas», sencillamente, se vuelve inasumible para ellas. La depresión, el síndrome de la trabajadora quemada, la fatiga y la ansiedad empiezan a manifestarse. Las mujeres no solemos ser conscientes de que estamos fingiendo o imitando. Pero a medida que vamos necesitando más energía mental en más áreas de la vida, empezamos a darnos cuenta de que nos resulta más difícil mantener las situaciones sociales o relaciones anteriores. Está claro que, durante mucho tiempo, ha existido una desconexión entre nuestras tendencias *reales* y la forma en que hemos tenido que actuar por compromiso social.

Isabel se apuntó a los encuentros del Proyecto para la Neurodiversidad y me dijo que había sido muy popular cuando iba a la escuela, que siempre había sido de las primeras de la clase hasta que fue a la universidad y todo cambió. Fue una niña superdotada, se educó en una familia de artistas de mentalidad abierta y de pensadores nada convencionales, nunca se sintió diferente o inferior. Pero en la universidad se sentía superada por el ritmo frenético y la naturaleza competitiva de sus iguales, así que al final regresó a su casa para terminar sus estudios en otra parte.

Resumiendo: cuando se casó y tuvo hijos se dio cuenta de que apenas podía funcionar. Enfermó y estaba totalmente desbordada. Cuando a su hijo le diagnosticaron aspérger y TDAH, pudo reconocer sus propias neurodivergencias. Tratar de disimular le había costado muy caro en su vida emocional y física, pero cuando se sacó la máscara, mejoró notablemente.

«Creo que si de entrada hubiera leído más sobre el aspérger no me habría costado tanto aceptar todo esto. Realmente nos va como anillo al dedo —me dijo refiriéndose a ella y a su hijo—. Lo que me llamó la atención es que yo no soy una friki de la informática, tecnoadicta, codificadora o ninguno de los estereotipos que oyes por ahí». Como muchas otras mujeres en su situación, Isabel buscó consuelo en comunidades que encontró en Internet, donde las mujeres neurodivergentes utilizan redes sociales y blogs para compartir abiertamente sus experiencias. De hecho, compartir ha sido un salvavidas (literal) para muchas de ellas. «Poder hablar de esto con otras mujeres y sentir la camaradería ha sido muy terapéutico y revitalizador; ahora siento alegría y admiración con frecuencia. Me siento orgullosa y honrada».

Isabel ha descubierto que se siente bien creando arte que refleje su realidad: «Al final, vi claro que tenía que dedicarme al arte y que iba a usar ese arte para ser un puente entre las personas neurotípicas y las neurodivergentes. Creo que nuestra función natural como minoría marginal es ser un espejo para la sociedad. Somos grandes pensadoras y creadoras, y servimos a través de nuestras innovaciones y obras estéticas. Creo que eso es en lo que se basa mi trabajo, en mantener ese puente y ese sentido de apertura y comprensión, que ayuda a fomentar el bienestar». Isabel organiza reuniones de artistas en su casa, le encanta la fotografía y es capaz de atender las necesidades de su familia neurodivergente.

Actualmente, Denise estudia Medicina, pero también estudió Literatura Inglesa en la Universidad de Columbia, se considera PAS, cuando se acercaba a los treinta le diagnosticaron autismo, y su madre y su hermana son TDAH. «Toda mi familia es sensible, cada uno a su manera. Mi sensibilidad pasó desapercibida porque todos presentábamos distintas formas de sensibilidad. Si hubiera sido un chico, no cabe duda de que me habrían diagnosticado algo, probablemente aspérger». Denise dice que de niña «caminaba de puntillas» y que solía vivir en su propio mundo, siempre leía y se subía a los árboles. Me contó que cuando iba a secundaria su mejor amiga le prohibió que llevara libros a la escuela, lo cual le ayudó a ser más social. «Sabía que no pensaba como los demás. Siempre he pasado mucho tiempo pensando sobre cómo piensan los demás». Con los años, ha tenido relaciones largas, que compara a tener un «perro guía», pero humano. Tener un compañero que quiera salir al mundo con más frecuencia que ella le ayuda a interactuar y socializar. «Pero si hago mucho un día, como ir a una fiesta, al día siguiente, lo único que puedo hacer es dormir hasta que se levanta el velo».

El «velo» es el nombre que le da Denise a lo que la protegía durante su infancia y edad adulta temprana. Al igual que Estephanie, describe una experiencia de disociación que dominó gran parte de la primera etapa de su vida, hasta que un día empezó a disiparse: «Un día, comencé a ver las cosas más claras después de haber terminado mis estudios universitarios. Estaba de pie en un rincón, en Louisville, Kentucky, y de pronto, se levantó la niebla. "Esto debe de ser lo que sienten los demás habitualmente", pensé. Me di cuenta de que había vivido parcialmente disociada durante veinticinco años y, gradualmente, empecé a regresar a mi cuerpo». Ahora se siente más empoderada porque puede elegir sobre sus sensibilidades. En el aspecto práctico, como estudiante de Medicina, ha tenido que solicitar alojamiento en el campus porque no puede pasar muchas horas seguidas en esas grandes aulas de conferencias (esto no fue un problema durante su paso por el instituto, donde las aulas eran mucho más pequeñas).

Denise tampoco ha sufrido algunos de los aspectos más dicapacitadores de no haber recibido un «diagnóstico»: nunca ha tenido crisis depresivas o de identidad. Por el contrario, dice: «Mis puntos flacos eran los síntomas físicos de dolor articular, las migrañas y la niebla mental. No tenía capacidad para procesar. Sentía mucha confusión». Las nuevas investigaciones sobre las mujeres neurodivergentes, encontrar una comunidad de personas afines y participar en un programa de entrenamiento para la salud mental la han ayudado a tener la mente más clara en general: «He pasado los dos últimos años bajo asesoramiento, no porque estuviera deprimida o angustiada, sino para entender las cosas, para tener opciones. Creo que ser PAS implica otra forma de contemplar el mundo. Encontrar por fin palabras para lo que me pasa y saber que hay más personas como yo ha supuesto un gran alivio».

Denise tiene muchos talentos. Evidentemente, es «autodidacta», pero también se ha centrado en explorar cómo sus circuitos neuronales interiores únicos la convierten en una persona que sabe escuchar y en una profesional sanitaria: «Experimento mucha empatía somática». Pero le sigue costando explicar a los demás algunas de sus experiencias, dado que los estudios científicos solo están empezando a tener en cuenta a mujeres como ella. ¿Qué hemos de hacer si nuestras verdaderas experiencias en el mundo (especialmente como mujeres) no tienen su correspondiente representación en las investigaciones científicas, médicas, sanitarias y neurocientíficas? Con los escáneres cerebrales de las PAS, el aumento de las investigaciones sobre las neuronas espejo y personas eminentes como Sara Seager y Joel Salinas al frente (y, lo más importante, con la tan esperada incorporación del interés, la indagación y la representación de lo femenino en la investigación científica), nos encontramos en un punto donde nuestras experiencias colectivas se están abriendo paso a través de un mundo patriarcal y neurotípico. Las personas inteligentes, con talento y capacitadas están «saliendo a la luz» y nos están obligando a revisar nuestros relatos sobre la identidad divergente.

Capítulo 4

El «trastorno» del procesamiento sensorial

Cuando entrevisté a Rachel Schneider, escritora y activista con trastorno del procesamiento sensorial (TPS), me dijo que su trastorno es una diferencia que celebrar, pero también una discapacidad que tratar. Al igual que muchas otras personas con neurodivergencias, tiene días buenos y días malos. Es muy consciente de los dones que le aporta su TPS (es sensible, consciente y está en sintonía con su entorno), pero también le afecta no ser capaz de trabajar en según qué entornos, ir a ciertos sitios o estar en lugares muy estimulantes.

La etiqueta TPS refleja las descripciones de otras neurodivergencias que se tratan en este libro, pero su peculiaridad reside en sus manifestaciones físicas. Aunque Schneider comparte la misma sensibilidad emocional, cualidades perceptivas y tendencia a la sobrecarga de estímulos que las personas con otras neurodivergencias, ella y otros con este trastorno anhelan algunos estímulos sensoriales concretos y sienten aversión por otros. Esto se hace más evidente con los tejidos, los sabores, los sonidos y los olores. Schneider se muere por recibir abrazos fuertes, pero evita los ruidos estridentes por sorpresa. Se comprometerá de corazón con un buen amigo, pero evitará tener demasiados *encuentros en un mismo día y tiene la estricta norma de trabajar solo desde casa, lo cual es lo primero que negocia en las entrevistas de trabajo.*

Cuando hablé con ella por primera vez, hacía seis meses que había sido madre de una niña. Segura de sí misma y consciente de los años de TPS a sus espaldas, no parecía inmutarse demasiado por el ruido, el cambio de rutina y la conmoción de tener un bebé en casa y en su vida. Pero eso era porque ya había empezado a hacer los cambios necesarios para ella, y todas sus amistades íntimas y su familia sabían cómo comportarse respecto a su trastorno. Como C. C. Hart, la masajista con sinestesia que evita las autopistas porque a veces no puede distinguir dónde están los objetos en movimiento en relación con ella, Schneider tiene una experiencia similar de sentirse abrumada en ciertos ambientes, y su esposo y sus amistades ahora pueden percibir sus conductas, cuando empieza a cerrarse o a «perder sus sentidos».

A Schneider la medicación para la ansiedad que también padece le ha ido bien, como le ha ido el trabajo que ha realizado de psicoterapia y terapia ocupacional. En un principio, un médico le dijo que tenía «trastorno de pánico», sus síntomas sensoriales fueron reconocidos como TPS cuando ya tenía veintisiete años. Un psicólogo sospechaba el diagnóstico, pero la derivó a un terapeuta ocupacional para confirmarlo. Ahora, para ella ir al gimnasio es su «mejor medicina» y se siente mucho más conectada con su cuerpo.

La experiencia del TPS

Aunque el TPS todavía no está incluido en el DSM, ha sido aceptado por psicólogos, investigadores, padres y madres, terapeutas ocupacionales y numerosos defensores de esta comunidad. La principal organización para la investigación, práctica y defensa del TPS es el Instituto STAR para el Trastorno del Procesamiento Sensorial, de Colorado, fundado por la doctora Lucy Jane Miller. El instituto designa las siguientes afirmaciones como indicadores clave de un posible TPS:

- Soy supersensible a los estímulos medioambientales; no me gusta que me toquen.
- Evito entornos con estímulos visuales o soy sensible a los sonidos.
- Suelo estar apático(a) y lenta cuando me levanto por la mañana.
- Suelo iniciar varias tareas nuevas a la vez y dejo muchas por terminar.
- Utilizo una fuerza exagerada para manejar objetos.
- Choco contra las cosas o me salen moratones y no recuerdo cómo me los he hecho.
- Me cuesta aprender nuevas tareas motoras o secuenciar los pasos de una tarea.
- Necesito actividades físicas para que me ayuden a mantener mi concentración a lo largo del día.
- Me cuesta mantener la atención en el trabajo y en las reuniones.
- Interpreto mal las preguntas y peticiones; necesito más aclaraciones que otras personas.
- Me cuesta leer, especialmente en voz alta.
- No hablo fluido, me quedo encallado(a) en las palabras.
- He de leer varias veces el material para asimilar el contenido.
- Tengo dificultad en ordenar pensamientos e ideas en las presentaciones.
- Me cuesta pensar ideas para escribir ensayos o tareas escolares.

Muchas mujeres empiezan a buscar respuestas para su elevado grado de ansiedad, después de haberse ido a vivir en pareja o de haber tenido hijos, porque se dan cuenta de que tienen muchas dificultades para soportar todo el roce que conlleva compartir tu vida con otras personas. Otras mujeres han tenido problemas con el equilibrio, la coordinación, la sensibilidad a los olores, la resistencia al sexo sin explicación alguna y afrontar las tareas laborales. Los terapeutas ocupacionales en concreto han asumido la tarea de educar a la gente sobre los sentidos básicos, como la propiocepción (sentido de la posición de todas las partes del cuerpo), la interocepción (sentido del estado interno del cuerpo, incluida la sensación de hambre y de sed) y el sentido vestibular del equilibrio y del movimiento.

La comunidad del TPS dedica una gran cantidad de energía a conseguir que este trastorno sea reconocido oficialmente en el DSM, para que los niños y las niñas puedan recibir apoyo para su adaptación en las escuelas y recibir la ayuda de la terapia ocupacional, todo ello financiado por los seguros médicos o el sistema sanitario. Esta tensión entre exigir el reconocimiento oficial y acceder a la ayuda, por una parte, y el deseo aparentemente opuesto de que se respeten las diferencias neurológicas, por otra, es bastante habitual entre las neurodivergencias y en las conversaciones que se mantienen en el campo de la neurodiversidad. Cabe destacar que ambos deseos son igualmente válidos y compatibles. Muchas personas albergan ambas visiones simultáneamente. Por ejemplo, la afirmación «he de leer varias veces el material para asimilar el contenido» se puede interpretar como algo que merece tratamiento o adaptación, pero también puede suscitar orgullo de identidad, como alguien que se identifique como PAS puede que necesite que le repitan la información, pues la está procesando a un nivel muy profundo.

La etiqueta TPS es omnipresente en la práctica de la terapia ocupacional en niños y niñas, pero no podemos decir lo mismo con los adultos, ya que se suele pasar por alto debido a que se solapa con el autismo y el TDAH. En un principio, en la década de 1970, A. Jean Ayres le dio el nombre de «disfunción de la integración sensorial»; desde entonces ha sido incluida en el campo de la terapia ocupacional, ya que un número cada vez mayor de niños y niñas presentan diferencias de procesamiento sensorial. Digo «diferencias» porque las descripciones de las familias que buscan ayuda para el TPS no dejan lugar a dudas de que el procesamiento sensorial de las personas es sumamente variado. La agrupación común de «síntomas» descritos para este trastorno incluye básicamente la reacción exagerada por exceso o por defecto a estímulos, como el tacto o el ruido. En ambos casos, la respuesta polarizada puede interferir en la forma en que un niño o una niña, o un hombre o una mujer adultos, interactúan con los demás.

En el TPS, normalmente, se describen tres subcategorías: trastorno de modulación sensorial (TMS), trastorno de discriminación sensorial (TDS) y trastorno motor de origen sensorial (TMOS). Dentro de estas subcategorías existen grados de exceso de respuesta, sensibilidad auditiva, cambios posturales y otros factores. La primera en desglosar estas subcategorías fue Lucy Jane Miller y sus colaboradores, en 2007, con el fin de consolidar los parámetros para la inclusión de una posible categoría diagnóstica en el DSM. Algunos científicos médicos se han resistido a la inclusión del TPS como «trastorno», pero muchos padres y madres y profesionales de la medicina quieren que sea debidamente reconocido por el efecto que tiene en los niños, los adultos y las familias.

Esta situación es parecida a la de los otros tipos de neurodivergencias. Una neurodivergencia en particular no convierte a las personas en discapacitadas, pero se sienten discapacitadas debido a los ambientes generalmente sobrecargados de estímulos, propios de la cultura y de los escenarios neurotípicos. El experto y escritor sobre el autismo Nick Walker y otros denominan a esto *modelo social de discapacidad*, en contraposición a la expresión *modelo médico de discapacidad*. Como ya hemos reflexionado anteriormente, ¿quién está discapacitado?, ¿quién tiene un «trastorno»?, ¿quién define lo que es «normal»?

La vida íntima de las mujeres con TPS

Lisa tiene problemas con la modulación sensorial, la respuesta exagerada y el deseo sensorial. Para ella todo es intenso, se satura con facilidad, pero a la vez anhela estímulos, como ciertos aromas. También tiene dispraxia, que significa que le cuesta planificar movimientos nuevos con su cuerpo y a veces choca contra las cosas. Es creativa, amable y comprometida, y ha trabajado como profesora de arte durante muchos años. Ahora tiene cuarenta y ocho años y tres hijos, de edades que comprenden la adolescencia y la veintena.

«Cuando recibo un exceso de estímulos, acabo explotando, empiezo a llorar y no puedo parar. Y esto me pasa varias veces a la semana». Lo que viene a continuación ha surgido en casi todas las entrevistas que he realizado sobre este trastorno: «Tengo problemas con el tacto. Cuando alguien me toca suavemente, noto una sensación de dolor físico. Tengo problemas con mi esposo en lo que respecta al sexo. Por eso fuimos a terapia de parejas, intentábamos averiguar qué me pasaba». En realidad, fue la asesora de parejas de Lisa la que sugirió que podía padecer TPS, pero las cosas tardaron algún tiempo en aclararse.

«Fui a mi médica de atención primaria y no sabía qué era el TPS, ni a quién derivarme, pero me recomendó que fuera a un psiquiatra». Sin embargo, la psiquiatra tampoco conocía el TPS. «Me puse a llorar en su consulta y terminé explicándole a la doctora lo que era el trastorno; a los diez minutos me marché. No sabía adónde ir. Me sugirió que fuera a los hospitales más grandes de Chicago, pero ninguno tenía información sobre el TPS. Entonces busqué en Internet y apareció el Instituto STAR de Colorado, y en ese sitio web había mucha información. Así que decidí ir a Denver para visitarlos».

Esta es una historia bastante común: mujeres que se interrelacionan con médicos y terapeutas que no están al día de los modelos de conducta que ocultan problemas sensoriales. Con escasa formación, entrenamiento o concienciación sobre estos temas por parte de los profesionales de la medicina y con el estigma social y los estereotipos que rodean a las mujeres y sus experiencias «histéricas», con frecuencia han de convertirse en sus propias defensoras y peregrinar de un médico o terapeuta a otro. «Siempre he padecido trastorno de procesamiento sensorial sin saberlo y sin saber qué era. Recibí mi diagnóstico de adulta y ni siquiera era consciente de que era un trastorno. Sabía que habían dado en el blanco. Fue muy reconfortante saber que lo que me pasaba tenía nombre».

Jen también acabó localizando STAR. «No tenía ni idea de que tenía TPS, pero mi hijo tenía dificultades de desarrollo y hacía terapia ocupacional de intervención temprana desde los dieciocho meses. Cuando rellenaba todos los formularios para mi hijo, preguntaba: "¿No se siente todo el mundo igual?". Y mi esposo me miraba como diciendo "no"». Jen, que había trabajado en ventas y en la industria de la construcción, se desenvolvía con soltura por las obras, pero le costaba horrores estar sentada en su mesa de despacho. Ahora que es madre dice: «Siempre hay alguien que me está tocando», lo cual es muy molesto para ella. «Toda mi vida he tenido que afrontar estos retos. Tenía que llevar ropa muy ajustada y le pedía a mis hermanas que contaran los botones y se aseguraran de que todos estaban abrochados».

Jen solía decir cosas como: «Todo hace demasiado ruido» o «Cariño, por favor, no me toques». «¿Quieres decir que no todo el mundo se marea cuando va al supermercado?», pregunta con ironía. «Empecé con la terapia ocupacional y estoy muy contenta. Me basta con hablar de mis sentimientos con mi terapeuta para sentirme mejor, identifico y analizo con ella aquello de mi entorno que me hace sentir de cierto modo. No necesito una piscina de bolas o un columpio, aunque me encantan los abrazos fuertes y los apretones», dice, refiriéndose a los distintos métodos que emplean los terapeutas con los pacientes, especialmente los adultos.

Tanto Lisa como Jen trabajaron con los mismos terapeutas ocupacionales en STAR. Y como le pasó a Rachel Schneider, Jen descubrió que el ejercicio físico era el componente clave de su terapia: «Si no hago ejercicio, le digo a mi marido que me voy hacia la oscuridad». El ejercicio físico, en el caso de Jen levantamiento de peso, le ayuda a prevenir la ansiedad y la depresión.

«Mi terapeuta ocupacional también me pone en una hamaca, y ese balanceo me aporta claridad. De pronto, me doy cuenta de ciertas cosas que me han pasado durante el día o por qué me he sentido de cierta manera. Pero, en realidad, solo me está ayudando a interpretar mi experiencia sensorial y a no sentirme mal emocionalmente. Esto no es solo un problema sensorial, sino también emocional. Puedo manejar lo físico, sé que me gusta cierto tipo de ropa y que no quiero que me toquen. En casa nos damos abrazos de aire».

Las mujeres ingenieras del cambio

Sarah Norris y Carrie Einck son terapeutas ocupacionales del Instituto STAR y están ayudando a expandir el área práctica de STAR para adultos y adolescentes, trabajando con pacientes como Lisa, Jen y otras personas con TPS. Crearon el programa en 2016, y ahora incluye un amplio abanico de trabajo para ayudar a otras personas a sentirse empoderadas e independientes en su día a día. El trabajo sensorial es solo una de las especialidades de los terapeutas ocupacionales; STAR, en particular, también investiga, realiza labor educativa y hace tratamientos.

«Para niños hay mucha información y tratamientos, pero lo que hay para adultos es bastante limitado», me dijo Norris. Ella y Einck han realizado extensas revisiones bibliográficas, han enseñado y entrenado a otros profesionales, y han desarrollado un programa para adultos y adolescentes que son sensibles a las aglomeraciones de gente, luces fuertes, toques inesperados y ropa incómoda, y que padecen ansiedad. «No siempre se trata de traumas en la infancia. Muchas mujeres adultas que vienen a vernos habían recurrido a muchos otros servicios antes de llegar aquí y les habían dado múltiples diagnósticos, por lo general depresión, ansiedad y trastorno bipolar. Y ninguno de ellos parecía encajarles; por consiguiente, los tratamientos no funcionaban. Marcaban las listas de control, pero no se sentían identificadas y nada tenía sentido. Y cuando por fin descubrieron la información o las investigaciones relativas al sistema sensorial, todas tuvieron esa intuición que les hizo pensar: "¡Esta soy yo! ¡Esto tiene sentido!"».

Según explica Norris, esto no implica que otros profesionales o diagnósticos no puedan coexistir, pero la información sensorial proporciona un nuevo contexto que amplía nuestra visión global. «Cuando reflexiono sobre nuestro ciclo de vida, desde la infancia con TPS hasta la etapa de adultas con TPS, suele haber una etapa crítica a mitad de la infancia y a principios de la adolescencia, que es cuando las capas de salud mental empiezan a agravar los problemas sensoriales». Norris señala que muchos niños y niñas superdotados y sensibles desarrollan ansiedad grave, por ejemplo. Y a medida que hacen la transición desde la adolescencia a la etapa adulta sin la ayuda adecuada, se tienen que enfrentar a múltiples diagnósticos de salud mental.

La paciente típica de Einck es una mujer recién casada o una madre primeriza que está experimentando nuevos retos relacionados con compartir el espacio con otras personas, tolerar sonidos nuevos, experimentar el aumento del roce físico y otros estímulos sensoriales. A veces las mujeres se dan cuenta de sus propios problemas de procesamiento sensorial después de que se lo hayan diagnosticado a sus hijos. «Por este motivo, muchos progenitores pueden expresar detalladamente cuáles son sus experiencias, y esto nos ha ayudado a Carrie y a mí a reflexionar sobre nuestro trabajo con los niños y niñas porque ahora tenemos alguien que puede decirnos en primera persona qué siente», afirma Norris. Einck y Norris sueñan con que llegue el día en que el TPS y la terapia ocupacional sean entendidos por el público en general. «Muchas personas ni siquiera conocen nuestra existencia», dice Einck.

La experiencia de la terapia ocupacional

Einck explica que cada persona recibe tratamiento individualizado a través de diversas experiencias; no es como tomarse una pastilla. Una clínica de integración sensorial suele tener gimnasio y área de evaluación. Hay esterillas de gimnasia de color azul brillante y rojo por todo el suelo, columpios colgados del techo y otros instrumentos más pequeños que se guardan en cajones y armarios para ejercicios más delicados. Un terapeuta ocupacional empezará cumplimentando listas mediante preguntas para hacerse una idea de los puntos fuertes y débiles del paciente; también se evalúan las sensibilidades a los olores, sabores y sonidos. Tras la evaluación del terapeuta viene la respuesta del paciente: se le ofrece una forma individualizada para interpretar lo que ha observado y sentido, mientras estaba en el columpio o con los balones, por ejemplo. ¿Hay sensibilidad vestibular (es decir, se asocia con el movimiento por el espacio)? ¿Tiene tendencia el paciente a marearse cuando viaja en coche? Luego viene la parte de fijarse metas para ayudarlo a integrar y mejorar partes muy prácticas y tangibles de su día a día, desde su intimidad sexual y el tacto hasta la gestión del cansancio o conseguir que ir a hacer la compra sea tolerable. Otra gran área de gestión es la sensibilidad al sonido, especialmente cuando los niños y los bebés hacen mucho ruido o lloran en casa.

Einck menciona indistintamente la actividad, la alegría y la calma como los objetivos principales de la terapia ocupacional, sobre todo para trabajar con mujeres adultas. Muchas mujeres no son capaces de identificar la calma o la alta excitación, nos dice, pero la utilización de tejidos concretos y material elástico o experimentar con alturas y camas elásticas puede ayudarles a tomar conciencia de cuál es el nivel de estimulación óptimo para una mujer. Experimentar una sensación general de «regulación» es lo que buscan muchas mujeres neurodivergentes, ya que la ansiedad es muy habitual entre ellas.

Actualmente, no existe mucha uniformidad en el tratamiento de las personas adultas con TPS, así que creo que estamos en un momento formidable para buscar ayuda. Las mujeres con este trastorno tienen la oportunidad de pedir lo que necesitan y desean, y dejar al terapeuta ocupacional que responda directamente a sus necesidades y peticiones al momento: «¿Necesitas más tacto y presión o menos? ¿Te parece que algunos colores son más relajantes que otros?». Es casi como tener a alguien que responde en tiempo real a tus detonantes y tranquilizantes.

Lisa, por ejemplo, una paciente de Einck, conoció gracias a ella Integrated Listenning Systems ('sistemas de escucha integrados') (iLs), una intervención que se basa parcialmente en la investigación de Stephen Porges. Para esta técnica se utilizan unos auriculares de casco con música terapéutica; el iLs y la investigación de Porges han sido alabados por sus aplicaciones prácticas para calmar el nervio vago (nervio implicado tanto en el trastorno de estrés postraumático como en el TPS). También se emplean un balón, una cama elástica, una manta con peso y un cepillo para la piel, todo ello idea de STAR. Con estas herramientas, Lisa le da a su cuerpo los estímulos que necesita para tranquilizarse y regularse, tanto si está saltando o rebotando como abrigándose con cierto tejido o sintiendo la presión sobre su piel. Esto es una función primaria en la terapia ocupacional: sencillamente, guiar y observar al paciente interactuando con estos materiales e instrumentos, e indicarle cuándo lo ve relajado o dubitativo, sorprendido, excitado o incómodo. Muchas de nosotras, sin saberlo, tal vez sintamos esta activación con las texturas o exigencias físicas cotidianas; el terapeuta ocupacional nos ayuda a que identifiquemos los desencadenantes y los relajantes.

Los iLs son lo que más efecto ha tenido sobre Lisa, que asegura que los sonidos la relajan y la calman, pero que a un mismo tiempo la hacen estar alerta. Me dijo que le ayudan a oír, pensar, ver, sentir y comprender mejor. Su atención y su función ejecutiva están mucho más conectadas: «Ahora, es muy raro que explote».

Cuando le pregunto a Einck sobre la saturación emocional y los estallidos, me explica que las emociones siempre se solapan con los sentidos. Incluso neurológicamente, existe una «codificación dual»: cada vez que una persona tiene una experiencia sensorial, simultáneamente, se produce una experiencia emocional. «Es imprescindible atender las emociones *y* las sensaciones, porque ambas suceden y son reales», dice Einck. Lisa me lo confirma. «Llorar es una reacción neurológica —me dijo refiriéndose a sus anteriores *meltdowns*—. Así que no es provocado por las emociones, sino por la sobreestimulación del cerebro. Es de lo más extraño porque mentalmente sé que estoy bien, pero no puedo controlar mi llanto.

Mentalmente me digo que estoy bien, pero mi cerebro tiene tanta información que ya no puede asimilar más».

Norris me habló de una paciente que se quejaba de estar siempre abrumada y cansada. Pasó una semana en STAR para que le hicieran una evaluación y crear un «estilo de vida sensorial» de acuerdo con sus necesidades a lo largo del día, empezando por la mañana cuando se despertaba y recorriendo todas las horas de la jornada. Saltar en una cama elástica, frotarse la piel con un cepillo y usar un juguete para morder se convirtieron en parte de su rutina. Al cabo de seis meses se sentía mejor maestra, pareja y madre; por fin se sentía realizada haciendo sus actividades diarias.

El objetivo final es que los psicólogos, trabajadores sociales, médicos de atención primaria y otros especialistas entiendan la perspectiva sensorial, integren la atención sensorial en su práctica y deriven a los pacientes a los terapeutas ocupacionales cuando sea necesario. Pero primero hace falta más concienciación, educación y divulgación. «El enfoque de la combinación es mucho más eficaz que hacer una cosa a la vez o una cosa u otra», dice Norris. Por consiguiente, a Einck siempre le gusta asegurarse de que sus pacientes vayan también a un psicoterapeuta para que puedan recibir la mejor atención y ayuda, y en última instancia, se pueda programar el mejor plan de acción.

«Creo que la colaboración mutua en nuestras dos profesiones es el futuro para el tratamiento del TPS en los adultos —dice Einck refiriéndose a la terapia ocupacional y a la psicología—. No se puede separar tener una experiencia táctil de una emoción. Los dos hemisferios cerebrales están interactuando constantemente, siempre se están comunicando». Lo que suele suceder con las mujeres que van a su consulta es que inmediatamente dirigen su atención a las emociones que experimentan, más que a la experiencia sensorial. «Pero ¿qué es la sensación?», les pregunta Einck. Después de balancearse en un columpio, una paciente puede que se sienta asustada, pero si se toma un momento para observar el mareo que le provoca, revelará mucho sobre la sensibilidad subyacente de esa mujer (en este caso sería una sensibilidad vestibular).

Las terapeutas ocupacionales, como Einck y Norris, ayudan a las personas a entender su cuerpo y sus reacciones a los estímulos. El dolor, el placer y las experiencias sensoriales neutras tienen una doble codificación con los recuerdos. Abuelos, olores, colores, momentos difíciles, lagos, valles..., las pistas sensoriales tienen la llave de nuestro pasado y de nuestros recuerdos. Muchas mujeres se aferran al lenguaje de la psicología popular, como «ataque de pánico», cuando lo que en realidad les sucede es que están experimentando una sobrecarga sensorial. El tratamiento para el ataque de pánico puede que no funcione en la mujer adulta que tiene diferencias en el procesamiento sensorial. Los marcos de referencia importan y las consecuencias de un mal diagnóstico o de una terapia inapropiada pueden ser graves. Una mujer puede pasarse años yendo al terapeuta y buscando las respuestas en su infancia. Pero Norris vuelve a recordarnos que no necesariamente han de existir graves traumas en la infancia, como nos diría la psicología freudiana. A veces, así es, pero con frecuencia no lo es. La sobrecarga sensorial puede parecernos ansiedad, pero una vez que la mujer tiene más información, puede compartir y explorar mejor el ángulo sensorial con un psicólogo u otro terapeuta.

La terapia ocupacional como cabecilla de la revolución

«Tradicionalmente, durante mucho tiempo, se ha creído que los problemas que presentaban estas personas en las áreas sensoriales y las dificultades motoras desaparecían al llegar a la edad adulta —me dice la directora ejecutiva de la Fundación Espiral (Instituto de Procesamiento Sensorial para la Investigación y el Aprendizaje), Teresa May-Benson—. Hasta la década de 1990, se creía que a los niños se les acababa pasando. No se sabía o entendía que los adultos pudieran tener estos trastornos sensoriales o motores. Más recientemente, las investigaciones se han centrado en esto, por eso sabemos que los adultos dan muestras de problemas de procesamiento sensorial».

May-Benson me impresionó desde el minuto cero cuando empezamos a charlar: expresaba pensamientos que yo había tenido como periodista, pero como tiene un doctorado en Terapia Ocupacional, cuenta con experiencia de primera mano con mujeres adultas, y las historias de casos fluyen de sus labios durante nuestra conversación. «En parte, lo que sucede es que algunas cosas en los niños están relacionadas solo con el aspecto sensorial, mientras que en los adultos, se transforman en problemas psicológicos. Y a los adultos se les acaba viendo como personas con problemas psicológicos. Aquí [en la Fundación Espiral] vemos a un montón de adultos que han estado en manos de psicólogos y a quienes les han dado un sinfín de diagnósticos, y nada les ha funcionado [...] y cuando por fin llegan aquí y les decimos que tienen hipersensibilidad sensorial o problemas de praxis y que esa es la razón por la que no pueden ser organizados, sienten un alivio inmenso y nos dicen: "¡Oh, Dios mío, por fin alguien entiende lo que me pasa!"».

Según May-Benson, la invisibilidad llega con la autonomía; los adultos simplemente evitan las situaciones que les incomodan, mientras que los niños no pueden. Una persona adulta puede que no sepa por qué evita ciertas situaciones, pero lo hace de todos modos. Los niños y niñas siempre se exasperan en situaciones que les hacen confrontar sus problemas sensoriales, como zonas de juego ruidosas, un juguete molesto que se les acerca a la cara o unos hermanos escandalosos. Cuando los adultos evitan ciertos ruidos o lugares, esto puede tener un impacto diferente en su vida, ya que asisten a menos actos sociales o tienen menos tolerancia al tacto en los entornos románticos. Entonces, se centran en la conducta y terminan yendo al psicólogo. Esto es lo que le sucedió a Rachel Schneider, que posteriormente se convirtió en una abierta defensora de la comunidad TPS. En su infancia ya se manifestaban los signos, pero ningún terapeuta o médico la entendió o identificó correctamente sus problemas sensoriales. Lo único que veían era su ansiedad. Según nos cuenta May-Benson, esto es bastante habitual y supone una situación difícil para los adultos. Tal vez oigas a alguien que dice: «Es mi amiga torpe» o «Es muy selectiva para la comida». O lo más habitual: «Es muy sensible».

Muchos padres y madres rápidamente se percatan de cualquier diferencia en la conducta alimentaria o sensibilidad a algún tejido de sus hijos y los llevan al médico; por tanto, es más fácil diagnosticar el TPS en la infancia. «Los padres y madres suelen ser más conscientes de estos temas y quieren resolverlos, de modo que la evaluación y la intervención para la integración sensorial se han concentrado básicamente en los niños y niñas». Incluso para los adultos, los terapeutas ocupacionales suelen tener formación solo para atender a la población anciana que está en las residencias, no para la gente con problemas sensoriales.

Puesto que el TPS suele manifestarse en personas autistas, May-Benson dice que «se ha estado más concienciado de estos temas sensoriales, al menos con el autismo», pues los niños y niñas autistas están creciendo. A raíz de esta población autista, que se está convirtiendo en adulta, y de las dificultades sensoriales que acompañan a los adultos autistas, los investigadores y médicos han empezado a aceptar que, en líneas generales, los adultos también pueden tener sensibilidades sensoriales y que no son exclusivas de los adultos autistas. «Hace muchos años que sabemos esto, porque cuando vienen los padres, el ochenta por ciento de las veces nos dicen: "¡Ah! ¡Igual que yo!". De modo que ya lo hemos visto en los padres. Sabemos que estas sensibilidades persisten en la etapa adulta».

Cuando las mujeres van a ver a May-Benson, su equipo utiliza una serie de herramientas, entre las que se incluye un historial sensorial de adulta/adolescente (HSAA), investigación psicométrica y una entrevista donde se le hacen preguntas sobre las experiencias que han tenido en su vida. «Estamos acostumbradas a ver más mujeres adultas que buscan nuestros servicios que hombres»; los hombres que llegan a su sede a menudo tienen un historial de alcohol y drogas, que ingieren para automedicarse contra su saturación sensorial. Pero la mayoría de las mujeres que acuden a ella lo hacen por su «hipersensibilidad sensorial» o porque tienen problemas para conservar un trabajo dada su desorganización. «Vemos muchísima ansiedad. Las personas que son hipersensibles a los estímulos, a la información sensorial, son bombardeadas durante toda su vida con estímulos sensoriales que no les resultan fáciles de gestionar, de modo que básicamente están expuestas a un trauma continuado. *El trastorno en sí mismo no es más que la propia vida, que las traumatiza.* Estas personas es probable que tengan un índice más alto de ansiedad porque han aprendido a vivir en un mundo donde todo les provoca ansiedad. La depresión también está relacionada con esto, puesto que depresión y ansiedad están interrelacionadas».

La sensibilidad acústica y la misofonía

«A mí los síntomas se me manifestaron cuando tenía siete u ocho años; ahora tengo treinta y seis —me dijo la actriz Kathryn Renée Thomas—. Recuerdo que de repente me enfadaba mucho por los sonidos que hacían mis padres masticando en la mesa. De pronto, tuvieron que lidiar con la pesadilla de tener una niña que se enfadaba constantemente con ellos». Thomas es la estrella del *show* televisivo *Teachers*, que creó junto con su compañía de comedia de Chicago. Me hace reír y me siento cómoda con ella porque tiene el mismo tono de voz que mi mejor amiga del instituto, que también es actriz cómica. «Antes de esa edad, no tenía síntomas, aunque sí sensibilidad táctil cuando iba a preescolar. Vestirme era una pesadilla porque no me gustaba el tacto de ciertos calcetines o las gomas de mis braguitas. Y la pulsera tenía que ir justamente aquí». Thomas está describiendo una niña con TPS, aunque no supiera que había un nombre para esto.

Pero lo que ha marcado su vida de adulta es una sensibilidad acústica específica denominada *misofonía*. Aunque oficialmente no forma parte del diagnóstico del TPS, muchos investigadores y defensores de la comunidad TPS relacionan ambos. La misofonía es la sensibilidad al sonido, a menudo grave, y la sensibilidad a los sonidos de masticación es bastante común entre los misófonos. «La he tenido toda mi vida desde entonces, e indudablemente siento ansiedad. Me pongo nerviosa, el corazón se me dispara, me sudan las palmas de las manos y no cabe duda de que la manifestación de todo esto es la ira. Me enfado mucho, mucho. Sea cual sea la fuente del ruido —generalmente, es una persona—, termino lanzándole un montón de miradas desagradables. Ahora estamos rodando un *show* para la televisión, y el otro día, entre las tomas, uno de los cámaras estaba mascando chicle e hizo un globo que acabó estallando. Me sobresaltó y me giré, deseé haber tenido cuchillos para lanzárselos. No cabe duda de que me enfado mucho. No puedo concentrarme. Pulveriza mi capacidad de concentración».

El chicle suele ser el desencadenante principal, y a veces lleva auriculares porque no puede concentrarse sin ellos. Cuando se encuentra en situaciones que no puede evitar, como estar en la sala de guionistas para su *show*, intenta concentrarse en otra parte y desviar su atención, pero eso la aleja de las conversaciones y a veces siente que se queda atrás o se pierde porque está en su propio mundo intentando huir del detonante.

Se siente culpable emocionalmente. Las mujeres con las que inició este grupo de comedia son como sus hermanas, y se siente mal porque, en ocasiones, cuando no puede controlar su ira, parece irracional. Lo mismo le pasa con sus padres. «No quiero mirar con maldad a mis seres queridos, y al final, me siento muy culpable».

«No me enteré de que esto tenía un nombre hasta hace tres años. Me he pasado más de veinte años creyendo que era rara y maniática, pero es evidente que no era una manía». Un día, cuando puso un comentario en Facebook sobre lo mal que se sentía después de una reunión con los guionistas, alguien sugirió que tal vez padeciera misofonía. Inmediatamente, buscó en Internet y se quedó atónita al descubrir que había más personas que tenían la misma experiencia. Entonces, empezó a abrirse con su esposo, sus padres y sus compañeros de trabajo. No quería que pareciera que estaba buscando una excusa, pero sí quería concienciar a la gente.

«También tengo detonantes visuales», me dijo. El mero hecho de ver a alguien moviendo la boca puede ser un detonante. Ha memorizado los estilos de masticar de las personas y los nombres de sus amigos que mastican como conejos o vacas. He de admitir que nuestra conversación es divertidísima (al fin y al cabo, es actriz cómica), pero sé que es un rasgo neurológico grave. «Me aseguro de que la gente que se sienta a mi lado bloquee a cualquiera que me moleste». Su padre puede llegar a sacarla de quicio cuando se retuerce el bigote. «Ese movimiento repetitivo me pone frenética», dice. Cuando su madre pasa los dedos de cierta manera por su teléfono móvil también le molesta. Como le molesta el ruido que hace la gente cuando golpea las uñas contra una superficie.

Sus «antenas» están siempre a punto, lo cual contribuye a su éxito en su agitada profesión de actuar. Lo que para algunos podría ser un trastorno o una debilidad, para ella es justamente lo que la diferencia de los demás y en lo que se basa gran parte de su liderazgo como escritora y actriz. Capta detalles, aporta su nivel de atención a sus guiones y en el teatro, y produce material cómico que puede parecer catártico. «En general, suelo tener bastante ansiedad, incluso sin la misofonía. Así que empecé a practicar yoga y me encanta, *pero siempre había alguien que respiraba más alto para demostrar que era el mejor en yoga.* Y eso me hacía estallar, luego no me resultaba relajante. ¡Esa persona no necesitaba respirar tan alto!».

Thomas, al principio, pensó que estaba teniendo lo que ella llamaba ataques de pánico: su ansiedad siempre ha sido una de sus características principales. «Soy un libro abierto. Mi madre es terapeuta y somos una familia muy abierta en lo que respecta a la salud mental». Ha tenido etapas de depresión, pero nunca ha entendido claramente la magnitud de su ansiedad. El medicamento Lexapro le ha ayudado para su ansiedad general, aunque no tiene claro que haya hecho lo mismo con su misofonía.

Ni siquiera su terapeuta había oído hablar de la misofonía. «Cuando descubrí que lo que me pasaba tenía nombre, empecé a ponerme en contacto con varios médicos, pero todo lo que leía sobre el tema me indicaba lo poco desarrollada que estaba la investigación y lo temprana que era la fase en la que se encontraba el descubrimiento. La mayoría de las personas no tenían suerte con los médicos y otros tipos de profesionales». Así que habla de ello a los demás cuando es necesario y se lleva los auriculares con cancelación de ruido a lugares como salas de cine, para no oír a la gente mascar chicle. «Kelly Ripa tiene misofonía, de modo que ha de ser real», me dijo medio en broma.

Thomas me mencionó un boletín de noticias llamado «Alérgico al sonido» que tiene muchos seguidores y ayuda a la gente a entender qué es la misofonía. Dice que le gusta la analogía de la alergia porque sus reacciones a los sonidos son como una respuesta automática, como una alergia. Y en los grupos de Facebook, los participantes sienten la libertad de despotricar sobre «esas malditas manzanas crujientes» y otros aparentemente inocentes ofensores. Encontrar grupos de gente afín le anima y le ayuda a ver su experiencia con humor. Muchas otras mujeres han encontrado estos grupos en persona o en Internet, pero todavía no saben qué están buscando porque las sensibilidades como la misofonía están muy poco reconocidas en los medios, mucho menos en la investigación.

Afrontar el TPS

«¡Querida niña! ¡Querida niña!», me repite por teléfono Teresa May-Benson, de la Fundación Espiral. Después me habla sobre un adolescente a quien siempre detenían por fumar marihuana o por entrar a robar en algún sitio. «El único momento en que me siento totalmente en calma es cuando tomo droga», le dijo el muchacho un día. Cuando May-Benson le preguntó sobre lo de entrar a robar, le respondió: «Bueno, es excitante».

Este joven tenía varias anomalías de procesamiento sensorial y, en parte, lidiaba con ellas a través de sustancias y de la búsqueda de estímulos excitantes. May-Benson explica que, por otra parte, las niñas y las mujeres suelen lidiar con el anhelo sensorial o con los sentimientos de saturación internamente (e invisiblemente) recurriendo a la preocupación excesiva; los pensamientos y las emociones se vuelven gradualmente más problemáticos, pero nadie se da cuenta. O bien leen todo el día, se concentran en la expresión artística o, en algunos casos, comunican algo de lo que les pasa a algún miembro de su familia.

La socialización de género, las normas de género, los estereotipos de los medios de comunicación y las actitudes culturales afectan sobremanera a la forma en que hombres y mujeres buscan ayuda o lidian con sus experiencias sensoriales. En el caso de las mujeres, se van construyendo muchas capas internas que se manifiestan como ansiedad y depresión. Los hombres, sin embargo, lo más habitual es que lo afronten con la dependencia al alcohol, dice May-Benson. «Este muchacho tenía mucha defensividad táctil, mucha defensividad sensorial, y sentía que necesitaba consumir drogas (concretamente marihuana) para tranquilizarse. Por otra parte, también necesitaba algo que pusiera a prueba su sistema y así pudiera notar la adrenalina circulando por su cuerpo. Entrar a robar le proporcionaba ese chute».

Eso lo sé por experiencia propia: a los veintitantos años tenía el hábito de mover cosas cada pocos días para liberar la energía reprimida. Empezaba sintiendo ansiedad, inquietud, ganas de estallar, e invariablemente comenzaba a discutir con mi esposo, pues mi válvula de escape por defecto siempre ha sido mi voz. Esta conversación con May-Benson fue reveladora.

Otro de los pacientes de May-Benson era un joven que tenía un nivel muy bajo de respuesta sensorial y problemas para conducir porque perdía el sentido de conciencia espacial; no sabía dónde estaba. Y por eso decidió ir en moto, porque las vibraciones, que le proporcionaban una experiencia sensorial intensa, le ayudaban a saber dónde estaba. «Esta es la razón por la que tantos jóvenes buscan hacer cosas como el *puenting*, porque no pueden encontrar ese tipo de experiencia intensa en su vida cotidiana». Tal y como dice May-Benson, la gente busca la tranquilidad o la excitación. Hay un proceso mediante el cual todos buscamos nuestro punto óptimo, nuestro punto ideal de regulación, en el que nos sentimos cómodos, en la zona, en el que fluimos. Absorbemos información sensorial básica de nuestro entorno; primero, evaluamos su importancia y relevancia, y luego la usamos para regular nuestro nivel de excitación, de modo que podemos o bien habituarnos a la información que no es importante, o bien incrementar nuestra atención a la información que supone una amenaza o es importante. Si ese proceso de modulación actúa de un modo algo diferente, esa persona puede experimentar un alto grado de excitación y permanecer en el estado conocido como de lucha, huida o parálisis. Su sistema está siempre atento a la información a la que la mayoría de la gente no presta atención.

«Las personas que tienen dificultades en regular la información puede que noten constantemente el zumbido de la nevera o las luces del techo», explica May-Benson; por consiguiente, su nivel de excitación es activado constantemente. Puede que estén irritables, sean infelices o no puedan concentrarse, así que acaban teniendo problemas de concentración. Estas personas son nerviosas y se encuentran en un estado de crispación. May-Benson me habló de una mujer que, a veces, había pegado accidentalmente a su novio cuando él le daba un toquecito en el hombro o intentaba abrazarla, lo cual hacía que ella se sintiera fatal. Además, solía gritar, cosa que a mí también me pasa cuando me sobresalto. «La reacción emocional se antepone a la función ejecutiva del momento», comenta May-Benson.

Le cuento más cosas sobre mis dificultades personales en mi casa. A veces, cuando mi esposo y yo discutimos sobre temas logísticos, paso al modo batalla. «Vemos muchas mujeres como tú, especialmente con esa respuesta y actitud defensiva excesiva. Y en lo que a la vida en el hogar se refiere, allí es donde suelen aflorar los problemas y causar los mayores trastornos».

May-Benson nos explica que la idea en la que se basa el trabajo de integración sensorial es la de ayudar a tu sistema nervioso a responder a su entorno con adaptación. «Los estímulos [refiriéndose a los juguetes, balones, columpios y otro equipamiento típico de la terapia ocupacional] preparan tu cuerpo para las habilidades». Esto me tranquiliza, y la gimnasta que hay en mí está entusiasmada. «Queremos que seas capaz de procesar mejor y con más eficacia esta información, no solo habilidades específicas».

Un proceso de aprendizaje

«Lo único que puedo decir es que a medida que pasan los días, siento menos los trastornos sensoriales», me dijo Rachel Schneider al cabo de un año de nuestra primera conversación. Quería saber cómo le iba. Su hija, que ahora tenía un año y medio, ya estaba en la fase de aprender a andar, lo cual lleva consigo más exigencias para sus progenitores. Estaba claro que la etiqueta de «madre» se estaba convirtiendo en una parte de su identidad tanto como su faceta de defensora de la comunidad TPS. «Las necesidades de mi hija son lo primero y siempre lo han sido, y creo que en cierto modo me estoy exponiendo a cosas a las que normalmente no me hubiera expuesto». No está intentando negar su TPS, todo lo contrario. Tras las fases iniciales de diagnóstico, aceptación, alivio y defensa durante muchos años, ha integrado todo lo que ha aprendido y experimentado en su estilo de vida y en su sentido del yo. La experiencia o el sentimiento de «otro» no tiene cabida en su vida; incluso ha trasladado sus conocimientos al mundo laboral y se ha convertido en una experta en la diversidad e inclusión para profesionales de recursos humanos y empresas de selección de personal.

«Mi esposo y yo llevamos a nuestra hija a clase de música hace un par de semanas, y yo estaba preocupada, pero me lo pasé mejor que nunca. Mi hija me ha enseñado cuánto puedo llegar a aguantar fuera de las barreras que yo misma me he puesto. Antes de conocer el TPS, me había pasado la mayor parte de mi vida siendo empujada hacia los límites de lo que hacía cómodamente. Nadie sabía por qué yo tenía un límite donde terminaba mi comodidad, pero en la adultez he descubierto dónde están mis límites y sé hasta dónde puedo llegar. Tener a mi hija me ha proporcionado el espacio para ampliar esos límites mucho más de lo que hubiera podido imaginar». Por ejemplo, Schneider me contó que durante algún tiempo su hermana y ella llevaron a sus bebés a la piscina para niños, y se divertía tanto que no pensaba en su TPS o en sus sensibilidades y límites habituales. Puede manejar más de lo que esperaba, aunque también dice: «Estoy más quemada de lo que solía estar, eso seguro».

Correr y estar en constante movimiento le resulta más fácil de tolerar, pero aun así sigue suponiendo un reto sensorial. Para ella, la hora del baño es especialmente difícil, lo cual le sorprende. «Hay demasiados estímulos visuales y acústicos a la vez»: el agua que corre, la niña que se rebela y la sensación de la propia agua. «Y, por supuesto, hay momentos en que tengo que encerrarme, irme a otra habitación, tumbarme en el suelo y respirar profundo».

Le pregunto si parte de su sorprendente experiencia con la maternidad puede estar relacionada con su tendencia a la *búsqueda sensorial*. La música y la piscina me parecen formas de estimulación sensorial que pueden ser sumamente placenteras y satisfactorias, y muchas no somos conscientes de que anhelamos estas cosas. «El agua me da paz, pero lo principal es que es para mi hija y que le hace feliz».

Schneider sigue prestando atención a sus propias necesidades. Cuando llevaba a su hija a clase de música, le preguntó al director si podía hacer un cambio de horario para que su esposo pudiera ir más a menudo; esto le ayuda a estar más tranquila en dichos ambientes. El director la alabó por haber compartido su historia y pedir lo que necesitaba para ella y su familia. «Deseo que mi hija experimente el mundo y no quiero que mis limitaciones la condicionen, para que pueda descubrirse a sí misma».

Para ella uno de los objetivos de su vida es animar a los demás a hacer cosas que ella siente que no puede hacer, porque no quiere limitar a otras personas. Sabe que sus sensibilidades suelen ser positivas y únicas, pero no desea que las partes problemáticas, como los estallidos y cuando se cierra en banda, afecten a la experiencia de su hija, de sus amistades y de su familia.

En lo que respecta al trabajo, acababa de terminar un contrato de cinco años de trabajo en casa como redactora y estaba en proceso de hacer entrevistas en campos relacionados, como gestiones de marcas y selección de personal. Decidió exponer claramente su diagnóstico de TPS a las empresas, porque en parte eso es lo que sabe que la hace única. A través de su trabajo de redactora para recursos humanos, ayuda a las empresas a seleccionar personas haciendo que dichas empresas cuenten su historia, y este tema de las diferencias personales y la diversidad domina su vida y su trabajo. Desea trabajar con equipos donde sea bien recibida, y mostrarse tal como es ha sido un aspecto importante para sentirse feliz y cómoda en un grupo. «Así soy yo: si te va bien, fantástico; y si no, mejor saberlo ahora», así es como afronta las entrevistas e intenta encontrar otro trabajo.

«Me fascinan las diferencias. Creo que es lo que hace que una cultura sea única y rica». Y está encantada con el hecho de que haya tantas personas que estén empezando a dar la cara y a revelar sus diferencias sensoriales. Anima a los demás a que hablen, especialmente en su trabajo, pues así consigue una plantilla inclusiva. «Me gusta escribir sobre plantillas de trabajadores diversas e incluyentes a la vez; yo *formo parte* de una de esas plantillas, y creo que es fantástico tener las dos visiones».

En lo que respecta a su vida privada con su esposo, dice que él conoce sus peculiaridades sensoriales mejor que nadie, a veces mejor que ella misma. Cuando está agobiada, él a menudo se lleva la peor parte de ese agotamiento, pero existe una comprensión profunda entre ellos. Recuerda una situación en la que se sentía al borde del abismo y le «ladró» a su esposo cuando vio lo tranquilo que estaba en la habitación contigua. Pero me dijo que ambos sabían que era porque ella no había tenido tiempo de descansar o de usar su cepillo terapéutico (que se llama cepillo sensorial Wilbarger y se suele usar para frotarlo por los brazos).

Schneider y yo hablamos sobre cuánta «gestión» teníamos que hacer en nuestra vida cotidiana: gestionar nuestros límites, energía, dificultades sensoriales, niveles de actividad, relaciones, vida laboral y otros. Pero si la invitan a ir a una piscina que ya ha visitado varias veces, esa familiaridad le ayuda a sentirse más cómoda. Y las madres todavía tienen que gestionar más cosas. «Sinceramente, creo que las madres con diferencias sensoriales son superheroínas. ¡Somos superheroínas diariamente por el modo en que hemos de vivir!».

A Schneider le preocupaba casarse y compartir casa con alguien, tener un bebé y verse obligada a lidiar con la sobrecarga sensorial, pero ha aprendido más sobre sus necesidades, se asegura de rodearse de gente que la aprecia y ha descubierto que puede estar por su familia porque está entusiasmada, y eso la motiva. «Creo que cuanto más nos aceptamos a nosotras mismas y nuestras diferencias, más cómodas nos sentimos».

Tercera parte

ALGO NUEVO

Capítulo 5

El bienestar

*A*l pasar por delante del centro de terapia ocupacional que hay cerca de mi casa, enfundada en mi sudadera con la capucha puesta, no puedo dejar de asombrarme al pensar en lo fascinante que es mi camino, tanto desde la perspectiva de investigación como personal. De niña fui gimnasta, y cuando salgo a pasear o hago viajes largos en coche me vienen a la mente imágenes de cuando hacía piruetas en las barras. Aquí entro en territorio amigo: esterillas de color azul y rojo fuerte cubren el suelo de una sala que parece un viejo almacén y hay columpios colgados del techo, hechos de tejidos brillantes. Me envuelve el sentimiento de que se ha «cerrado el círculo».

Leigh, la dueña de este centro, me da la mano y me señala una sala de reuniones con mesas y sillas de tamaño infantil. (Los centros de terapia ocupacional que trabajan la integración sensorial rara vez reciben a adultos).

Leigh me da nociones básicas sobre terapia ocupacional, antes de que hagamos un par de sesiones en las próximas semanas. Me enseña a empujar contra la pared para conseguir un efecto de presión profunda y me introduce en una funda sensorial corporal para que pueda sentir la organización del peso. Me compro una nada más salir. Principalmente, lo que aprendo la mayor parte del tiempo que paso con ella es lo bien que respondo al simple hecho de recibir más información.

Me pasó lo mismo cuando investigué las terapias somáticas: conocer el lenguaje del sistema nervioso me ayudó a imaginar y comprender mejor los mecanismos mediante los cuales mi cuerpo y mi mente interactúan con mi entorno. Es como si la pieza que me faltara fuera solo el conocimiento de mi interior (mi constitución interna), la vida de mis órganos. Posteriormente, en una entrevista con destacados investigadores de la interocepción, en Inglaterra, aprendí que esta desconexión es la razón por la que las mujeres autistas es más probable que sientan ansiedad, al no ser capaces de detectar el latido de su corazón, por ejemplo; y el mero hecho de ser capaces de sentir el latido después de hacer ejercicio puede ser una actividad relajante y reconfortante.

En última instancia, no existe una solución única para mejorar el «bienestar», o «terapias» para personas con neurodivergencias sensitivas, pero es importante que vayamos creando el tapiz de la complejidad de nuestras experiencias. En los capítulos siguientes desarrollaremos lo que hemos aprendido en la primera y segunda parte, y aplicaremos los conocimientos a nuestra vida diaria y a situaciones del mundo real en nuestro trabajo, nuestras relaciones y nuestras prácticas de bienestar.

Cambiar el curso

La cuestión de hacia dónde tenemos que dirigirnos a partir de ahora en lo que respecta a la comprensión e integración del pensamiento neurodivergente ha de comenzar con una renovación de nuestra visión sobre la naturaleza de la sensibilidad y el impacto de la psicología sobre la educación, los puestos de trabajo, la familia y otros. Es de vital importancia que entendamos dónde encaja el pensamiento neurodivergente en un contexto general y en el de la evolución de la psicología. Haremos un rápido repaso de la historia antes de llegar a los médicos, investigadores, pioneros y activistas modernos.

Un referente esencial para ayudarnos a mejorar nuestra comprensión sobre la evolución de la psicología es el libro de Duane y Sydney Schultz *A History of Modern Psychology* [Historia de la psicología moderna], primera edición de 1969, que narra los orígenes de la psicología occidental moderna. En él se menciona que el año 1879 supuso un punto de inflexión especial, cuando el médico alemán Wilhelm Wundt creó el primer laboratorio dedicado a investigar la psicología experimental. Schultz y Schultz entienden la historia del pensamiento psicológico como movimientos que emergen en contextos históricos y destacan la importancia de las «fuerzas contextuales», como son los factores intelectual, político, económico y social, que influyen en las corrientes psicológicas. Los autores también reconocen la naturaleza fluida de este campo, que está en cambio y expansión continuos. Su preocupación por tener unos fundamentos científicos es evidente, así como la de querer diferenciarse de las demás disciplinas, especialmente de la antigua disciplina de la filosofía. Señalan que, antiguamente, entender la mente humana se consideraba un ejercicio de intuición, pero con la incorporación de herramientas metódicas y de la investigación sobre la biología humana, ese enfoque se podría transferir al estudio de la mente y de la conducta. Por consiguiente, la historia de la psicología es en gran medida la de la evolución de dichas herramientas y métodos.

El pensamiento mecanicista

El siglo XVII fue el siglo de las máquinas. Entonces, se empezó a pensar que si se podía desmontar un mecanismo y entender su funcionamiento, tal vez se podría hacer lo mismo con el cerebro humano. Los filósofos del momento creían que «la armonía y el orden del universo ya se podían explicar siguiendo las pautas de la regularidad del reloj, que es incorporada en este por el relojero, del mismo modo que la regularidad del universo se creía que había sido incorporada por Dios».[1] Fue la era del determinismo y el reduccionismo. El *determinismo* es el concepto de que cada acto consecutivo determina el siguiente; el *reduccionismo* es la idea y la creencia de que un objeto (o persona) de investigación puede ser desmontado para averiguar exactamente cómo funciona. Así nació el método científico y la visión «mecanicista» dominante en las ciencias, incluida la psicología, de que los seres humanos somos máquinas.

Un montón de pensadores influyentes (todos varones blancos) llegaron a dominar el pensamiento psicológico, desde René Descartes hasta John Locke, David Hume, John Stuart Mill y otros. Un individuo en particular, Johannes Müller, interpuso una versión más fisiológica sobre la conducta humana con su teoría de las energías específicas de los nervios. Está en la misma línea que el concepto medicalizado de la conducta humana que aprendimos en el capítulo uno, cuando revisamos la historia de la psiquiatría. Schultz y Schultz escriben que Müller «propuso que la excitación o estimulación de un nervio siempre despierta una sensación característica, porque cada nervio sensorial tiene su propia energía.[2] Esta idea propició muchas investigaciones que intentaban localizar funciones dentro del sistema nervioso y delimitar los mecanismos receptores sensoriales en la periferia del organismo».

Esta versión fisiológica dio pie a un aluvión de ideas, teorías y experimentos, incluida la estimulación eléctrica del cerebro y, posteriormente, las lobotomías. La Sociedad de Física de Berlín fue fundada en la década de 1840, para explicar al mundo cómo se podía aplicar el pensamiento mecanicista a todas las ciencias, incluida la que se dedica al estudio de la mente. Más o menos por las mismas fechas, las ideas sobre el sistema nervioso, las neuronas y el cerebro eran descritas en terminología mecanicista, pasando a formar junto con el empirismo, la experimentación y las mediciones, la columna vertebral de la ciencia y la psicología modernas.

Cerca de comienzos del siglo XX, Sigmund Freud desarrolló sus teorías de la mente y del psicoanálisis. Sus ideas eran distintas y menos conservadoras en comparación con las de las primeras escuelas de psicología. Freud no era científico de laboratorio o académico, y su enfoque en el inconsciente le sirvió para que sus ideas no fueran tan susceptibles al pensamiento mecanicista y no pudieran ser estudiadas utilizando métodos empíricos. Apoyó la investigación de la «catarsis», de los sueños y de los deseos sexuales. Cabe destacar que consumía cocaína regularmente y alabó sus efectos «milagrosos» hasta la mediana edad, que fue cuando se encontró con la oposición que cuestionó su reputación por hacer tales afirmaciones.

Cuando la psiquiatría obtuvo su propio campo independiente dentro de la medicina, también lo consiguió la psicología; se convirtió en un campo respetado por sí mismo y separado de lo que antes se consideraba que pertenecía a la indagación filosófica. A finales del siglo XIX, aparecieron las primeras publicaciones de psicología en Europa y Estados Unidos. Empezaron a surgir laboratorios y, en 1892, se fundó la Asociación de Psicología Estadounidense (APE). Este nuevo campo se llamó «ciencia de la conducta», pero recibía menos fondos que otras disciplinas científicas.

Con la explosión demográfica que tuvo lugar a principios del siglo XX, los psicólogos dirigieron su atención hacia las universidades y la educación, que era hacia donde se dirigían los fondos. La psicología había estado confinada en los laboratorios clínicos y ahora se estaba expandiendo a las escuelas y a la cultura en general: por fin habían llegado el prestigio y la financiación. La Primera y la Segunda Guerra Mundial también favorecieron una mayor implicación de los psicólogos.

Desde Freud, muchos otros pensadores y teorías han dejado su huella. Cabe destacar la psicología humanista y cognitiva de

Carl Jung y Abraham Maslow y, más recientemente, la denominada «psicología positiva». Esta última, encabezada por Martin Seligman a finales de la década de 1990, tiene como objetivo el «florecimiento óptimo del ser humano» y se centra en reforzar las fortalezas de cada persona. Vale la pena mencionar que el mismo grupo demográfico que lideró la historia de la psicología (varones blancos) también es el responsable del crecimiento de la psicología positiva, que junto con el mindfulness han llegado a dominar no solo este campo, sino los libros de psicología popular y los blogs. No obstante, recientemente, ha sido criticada por centrarse solo en los conceptos individualistas y capitalistas de la felicidad y el bienestar, y por adoptar únicamente una perspectiva occidental sobre la persona y el concepto de desarrollo personal.

Sin embargo, el enfoque sobre la psicología que tiene la neurodiversidad no intenta acallar esos aspectos de nosotras mismas que consideramos «menos positivos», que no nos ayudan o que son «menos productivos». Por el contrario, tal como hemos visto, el marco de la neurodiversidad se basa en reformular la experiencia de la humanidad, especialmente nuestros conceptos de «trastorno». En vez de intentar que la gente se libere de su ansiedad, los proponentes de la neurodiversidad pretenden demostrar que el origen de la misma está relacionado con la forma en que la experiencia de diferencia cognitiva en nuestra sociedad genera dicha ansiedad y los sentimientos de inseguridad, alienación, soledad y depresión.

Las mujeres sensibles

«La mayor parte de las personas que vienen a verme son altamente sensibles y no se han sentido entendidas ni escuchadas por sus anteriores terapeutas —me dijo Grace Malonai, terapeuta del área de la Bahía de San Francisco—. Suelo ser su undécima o duodécima opción. Han estado buscando comprensión y ayuda, y cuando llegan a mí lo hacen bastante destrozadas, pues están heridas y necesitadas desde hace tiempo». Malonai está especializada en personas que experimentan una alta sensibilidad en cualquier tipo de neurodiversidad, tanto si se trata de autistas o de PAS como si tienen TDAH o TPS.

«Los problemas suelen surgir en casa o en el trabajo, y no son aceptados o no los comprenden, y a ellos mismos les cuesta entender por qué son así», dice Malonai de sus pacientes. Tal vez se pregunten por qué no hay nadie más tan sensible o triste en su empresa. Por ejemplo, un compañero de trabajo le dice algo a una de sus pacientes; esta se preguntará qué ha querido decir realmente esa persona y empezará a darle vueltas una y otra vez al asunto hasta llegar a dudar de sí misma. La paciente se hace preguntas y duda porque no ve que la mayoría de las personas se hagan este tipo de preguntas. «Pero cuando las pacientes se entienden a sí mismas, comienzan a discernir que el tipo de información que están recibiendo es sutil o abundante en comparación con la que reciben los demás».

Este último punto es esencial para la forma en que se puede ayudar a las personas neurodivergentes en un entorno terapéutico centrado en la neurodiversidad. Comprender y replantear las diferencias es la clave para cambiar nuestra experiencia y aliviar la ansiedad. En vez de que tu peculiaridad sea lo que te frena, puedes descubrir sus dones. Algunos se refieren a esto como liberar una especie de «superpoder», y ver esta diferencia como un poder puede ser revitalizante.

Esto empieza por desmontar las suposiciones que tenemos sobre las personas neurodivergentes. Los estereotipos incluyen la percepción de que son distantes o que no saben distinguir las conductas sociales. Pero de hecho, tal como hemos visto, lo que en realidad les sucede es que son hiperconscientes de cosas que la mayoría de las personas nunca ven. Malonai compartió un ejemplo de una mujer altamente sensible, que tiene mucho talento, pero que se angustia por cualquier cosa, por ejemplo si ve que su jefa da un gran suspiro. Empieza a preguntarse: «¿Tendrá un mal día? ¿Le dolerá el estómago? ¿Está llorando? ¿Está triste? ¿Está cansada?». Luego se plantea: «¿Habré *hecho* algo que la haya molestado?», explica Malonai. «Tiene muchas dudas e inseguridades».

Pero todas esas dudas pueden ser un don. Yo lo veo en mi propia vida con mi esposo, que a veces me llama «sanadora herida», porque cuando dice o hace algo creo que sé cómo se siente, pero a veces me olvido de *preguntárselo*. «Así que en este aspecto es un don, porque puedes usar esa información para conectar —dice Malonai—. Por otra parte, cuando no entiendes qué está pasando, piensas que no sabes qué has hecho mal». Dice que si podemos empezar a preguntarnos cómo emplear esta información sutil de una forma útil, tal vez podamos evitar saturarnos. No es necesario que reaccionemos, solo hemos de darnos cuenta.

Le pregunté a Malonai sobre cuáles eran las «mejores prácticas» porque hay muy pocos médicos que se especialicen en la alta sensibilidad y en la neurodiversidad. Una de las que utiliza es esta: cuando las personas van a verla después de haber visto a una docena de terapeutas, les asegura que las sutilezas que puede que observen en sus sesiones, como si ella pone cara de cansancio, es solo eso, que está cansada. No quiere que sus pacientes malgasten su valiosa energía, su estrategia personal y su preocupación para intentar adivinar qué le está pasando a *ella*. Cuando les dice esto «se sienten más cómodas». Es un pequeño gesto, pero importante, y forma parte de lo que supone ser un ser humano genuino y auténtico. Es importante que normalicen su experiencia, porque las personas sensibles no obtienen respuesta ni validación dentro de nuestra cultura. «Quiero que sepan que está bien sentir mucho. Hay demasiadas personas que han recibido el mensaje de que no está bien sentir demasiado, emocional o físicamente».

Ser superdotados también forma parte de nuestra neurodiversidad humana compartida, dice Malonai. La palabra *superdotado* nos hace pensar en pequeños Einsteins, pero, en realidad, el estudio psicológico de los «superdotados» se ha centrado en la totalidad del perfil de la personalidad de estos individuos con altas capacidades y talentos, y la alta sensibilidad suele ser una de sus características. Existe la expresión *desarrollo asíncrono*, que se refiere al crecimiento y talento excepcional en algunas áreas de la vida o de la educación, pero retraso en otros. Para algunos, esto estaría más en la línea de lo que se denomina «doblemente excepcional», donde una persona experimenta alta capacidad y autismo, TDAH o dislexia a la vez, por ejemplo.

«Creo que parte de la alta capacidad es asimilar mucha información y luego pensar qué es lo que se ha de hacer con ella. Es un tipo de desarrollo asíncrono», porque estas personas van muy por delante de sus iguales. «Pero puede que estén más adelantadas en algunas áreas y menos en otras. Y con frecuencia, ese subdesarrollo tiene que ver con estrategias sociales, y puede solaparse la alta sensibilidad, es decir, ser superdotado y autista, de modo que lo que pretendemos es ayudarlas a entender sus rasgos».

Malonai dice que a veces no es fácil regular las emociones. Puede que alguien diga algo negativo, y la persona sensible, altamente capacitada o neurodivergente reaccionará poniéndose a la defensiva por el comentario, incluso puede llegar a estallar. Entonces, se produce un problema de conducta, que provoca una respuesta en un jefe, pareja, padre, madre o profesor, y eso suele tener consecuencias negativas. «Si tratas solo la conducta, no llegarás a la raíz del problema, que es la *comprensión*». Las explicaciones intelectuales sobre por qué se ha producido el malentendido o por qué se han herido sentimientos suelen ser más eficaces, porque existen una necesidad y un anhelo profundos de entender el «porqué» de la situación.

En el aspecto práctico, empiezo a preguntarme cómo debe de ser estar en la consulta de Grace Malonai. Los espacios físicos influyen especialmente en las personas sensibles, así que le pregunto qué es lo que hace que su entorno de trabajo sea diferente o más cómodo para sus pacientes. Mantas con peso, juguetes antiestrés, materiales suaves, cepillos para la piel, bolas de gel, arena, almohadas, velas eléctricas y otros accesorios sensoriales adornan su consulta. En el techo no hay luces brillantes y no se permite llevar alimentos de olor fuerte. Algunos pacientes adultos tienen sensibilidad visual, así que ha decorado su consulta con todo detalle e intencionalidad. Las puertas son sólidas para aislar del ruido y el sistema de ventilación es insonoro. Los colores de las paredes son cálidos y limpios para crear una atmósfera relajante.

¿Y qué hay de las mujeres que van a la consulta? ¿Saben que son autistas o PAS? ¿O la mayoría están todavía en un viaje de descubrimiento? «Creo que las personas que vienen a mi consulta ya saben que son diferentes; algunas lo saben, otras no, algunas han recibido un mal diagnóstico, otras no. A algunas les han diagnosticado TDAH y autismo, cuando yo diría que en realidad son altamente sensibles y que tienen TPS, con ansiedad asociada. También puede que padezcan cierto grado de trastorno obsesivo compulsivo (TOC). Cuando acertamos y entendemos el diagnóstico y podemos tratarlas correctamente, mejora su calidad de vida».

También sucede lo contrario: hay mujeres que van a su consulta pensando que son extremadamente sensibles, pero lo que ella ve es un autismo no diagnosticado. «De modo que hacemos una evaluación y empiezan a llorar: "¡Oh, Dios mío! Siempre he sido así y creía que me pasaba algo. No lo sabía"». Una paciente fue a ver a Malonai porque sus problemas en la universidad la obligaron a interrumpir sus estudios, pero tras ser diagnosticada correctamente de autismo, pudo solicitar adaptaciones y consiguió terminar la carrera. Hay mujeres a las que les va bien en la universidad, pero los problemas surgen cuando tienen que integrarse en el mundo laboral.

Todavía hay otro grupo de mujeres que cambian constantemente de trabajo. En cada carrera, llegan a un nivel de éxito donde consideran que ya han aprendido lo que querían aprender, se aburren y cambian de trabajo. Pero creen que no son *normales*. «Lo que hemos descubierto es que han de encontrar un trabajo que no sea estático o necesitan realizar actividades o tener aficiones complementarias. O bien tienen que sentirse cómodas con el cambio y la transición, pero se encuentran con el problema de la realidad de la vida cotidiana y de cubrir gastos». Muchas de estas mujeres suelen tener TDAH y ser superdotadas; a esto se le llama «multipotencialidad». Malonai señala que este tipo de peregrinación de trabajo en trabajo es más habitual en los hombres, pero ella lo ve continuamente en mujeres.

La introversión y la alta sensibilidad

«Trabajo mucho con empresas, escuelas y organizaciones, y escucho muchas historias personales de la gente —me dice Susan Cain—. Y algunas de las personas con las que hablo o trabajo son claramente introvertidas, y un montón se consideran altamente sensibles, así que te diría que trabajo con los dos tipos». Ambas estamos en nuestros correspondientes vehículos mientras conversamos, y nos entra la risita tonta al darnos cuenta de que a las dos nos gusta trabajar desde nuestro coche por el silencio y la serena soledad que nos ofrece. Su primer libro, *El poder de los introvertidos* (2012), me cambió la vida cuando lo leí. Yo, a mi vez, acababa de publicar, en su sitio web, mi propia «salida del armario», en un ensayo sobre la neurodiversidad bajo el título de *La revolución silenciosa* y ahora, tras varios meses de correspondencia electrónica, por fin nos poníamos al día por teléfono. (Desde su publicación, *La revolución silenciosa* se ha convertido en una fuente de referencia para educadores, líderes empresariales y particulares que necesitan entender mejor la introversión, el liderazgo y otros temas. Para Cain la «introversión» es una constelación de rasgos, que suelen incluir la alta sensibilidad y a veces la timidez).

Ahora, todos sabemos que si las empresas, las familias, los amigos, los conductores de autobuses, los chóferes de vehículos compartidos, los recepcionistas... conocieran la existencia de los diversos temperamentos, rasgos y constituciones neurológicas, posiblemente no nos angustiaríamos tanto al interactuar con ellos y «rendiríamos» mucho más. Y con esto me refiero a hacer cosas y conseguir que se hagan, sin estrellarnos, sin explotar, sin cerrarnos o tener migrañas graves. La mayoría de las veces, no podemos conseguir que todas las personas que forman parte de nuestro ecosistema se suban al barco, por lo que, en parte, depende de nosotras hallar nuestros propios atajos, las mejores prácticas y otras actividades que nos ayuden a navegar por nuestra vida.

«Está bien que ahora las personas sean más conscientes de sus rasgos. No podemos subestimar la importancia de este hecho. Muchos me han dicho que cuando se dieron cuenta de que eran altamente sensibles, introvertidos o ambas cosas, eso les ayudó a ser ellos mismos y a crear el espacio que necesitaban para protegerse. Y también les dio la confianza que necesitaban para utilizar sus dones como corresponde. Ahora las personas se autorizan emocionalmente a *ser*. Y se produce una curiosa paradoja: cuanta más gente se concede este permiso, más maestría adquiere en entornos que podríamos pensar que no son los más adecuados para sus habilidades». De modo que Cain considera que cuanta más gente haya que se sienta bien con su sensibilidad, mejor podrá afrontar una situación estresante porque tendrá que mostrar su verdadero yo, en lugar de su yo dubitativo.

Yo asiento con la cabeza. «Aquí la clave está en la integración», digo. «¡Sí!», responde Cain, haciendo que me llene de esa buena vibra que me indica que estamos en la misma onda. Y a continuación, explica cómo el mero hecho de nombrar algo puede ser sumamente terapéutico. «Cuando empecé a hablar con empresas, a estas solo les interesaba saber los puntos importantes concernientes a los trabajadores, la productividad y el liderazgo. Pero ahora me he dado cuenta de que realmente quieren ayudar a sus empleados de una forma más personal. Ahora me dirían: "Háblanos más sobre educar a niños introvertidos". Creo que, en general, hay más apertura, especialmente en espacios de inclusión».

Cain está encantada con la forma en que las compañías se están empezando a abrir al hecho de que el temperamento es otra forma de diversidad. Y es cierto: cuando se respeta y se acepta esta diferencia, la gente se siente más libre para ser ella misma y puede manifestar su mejor versión en su trabajo. El bienestar y el «estar bien» se hallan inevitablemente vinculados al trabajo, a la productividad y al liderazgo. Es importante que nos entendamos a nosotras mismas y la diversidad de nuestro cuerpo y temperamento, a fin de evitar viejas ansiedades y prosperar.

Escuchar mi cuerpo

A propósito de cuerpos, para ponerte en contexto te diré que cuando hice esta entrevista había llegado a la conclusión de que deseaba tener un conocimiento corporal más profundo sobre quién soy, cuál es mi lugar en el espacio, cómo proceso a las personas y el mundo que me rodea, y cómo afecta todo esto a mi felicidad, mi bienestar y mis relaciones. Me encantan las mantas gruesas y pesadas, como a muchas personas sensibles y neurodivergentes. Pero hay más: me había dado cuenta de que en todos los ámbitos de mi vida (el parto, la amistad, el amor, el dolor, la comunidad...) anhelaba procesar los acontecimientos y experiencias con plena conciencia corporal y de mi yo. No me basta con hablar con un grupo de mujeres; quiero bailar y tocar tambores mientras conversamos. Las clases para hacer ejercicio no son suficientes para mí; quiero mantener conversaciones filosóficas profundas mientras sudamos en el gimnasio. Al ser periodista, me dirigí directamente a expertas e investigadoras que podían explicarme esto desde una perspectiva científica.

Lisa Quadt está llevando a cabo un nuevo ensayo clínico sobre cómo mejorar nuestra percepción del latido cardíaco y comprobar si dicha percepción nos ayuda a reducir la ansiedad. Es una propuesta sencilla, pero poderosa. El ensayo se basa en la investigación de su colega Sarah Garfinkel, de la Universidad de Sussex.

La gente puede medir sus señales corporales de distintas formas, explica Quadt, como el sudor en las manos, sentir los latidos del corazón o tomarse el pulso. «Hemos visto que las personas autistas no suelen ser muy exactas. Creen que están percibiendo estas señales todo el tiempo. Su percepción se satura con las señales que llegan constantemente, tienen un desfase». Quadt y sus colaboradores observaron que cuanto mayor era el desfase, mayor era la ansiedad, por lo que el grado de desfase predice el grado de ansiedad. «Si podemos emparejarlos, hacer que las señales y las percepciones sean más exactas, tal vez se reduzca su ansiedad». Una vez más, el tema de la ansiedad es vital.

Quadt y Garfinkel están enseñando a los participantes de su ensayo a ser más exactos en la interpretación de sus sensaciones de latido cardíaco y monitorizan la correspondiente reducción de la ansiedad. Esto me recuerda a la sencilla, pero poderosa, intuición que había estado experimentando durante algún tiempo respecto a la importancia de la conciencia corporal y su relación con mi sentimiento de estar más centrada en mi vida cotidiana. Es tan sencillo como contar los latidos del corazón. Al final, lo que Quadt y Garfinkel pretenden desarrollar es una aplicación o que este tipo de monitorización sea incorporada en los *smartwatches* ('relojes inteligentes'). Quadt dice que también se podrían adaptar e incorporar ciertos tipos de mindfulness centrados en la terapia de interocepción y en tomarte el pulso.

Todavía se encontraban en la fase de ensayo clínico cuando hablé con Quadt, así que aún no tenía los resultados finales, pero, mientras tanto, podemos probar a contar nuestras pulsaciones en casa, con el dedo y sin el dedo en la muñeca, y comparar los dos resultados. Esto es más fácil si haces un par de saltos de tijera o algún otro ejercicio antes del cronometraje, ya que si ahora te levantas e intentas tomarte el pulso, te resultará difícil. Pero si te pones en pie, das unos saltos y te tomas el pulso, verás que es mucho más fácil.

Cuando le pregunto a Quadt sobre la interocepción en general y por qué es más difícil para las mujeres sensibles neurodivergentes, especialmente las autistas, me responde que se debe a la sobrecarga sensorial y al alto grado de ansiedad. Ir en autobús, por ejemplo, supone un reto por el ruido y el mareo que les produce. «De algún modo, las señales interoceptivas que van desde el cuerpo al cerebro se dirigen hacia otra dirección». A esto añade que, a veces, las personas autistas o con otras neurodivergencias al escuchar sus pulsaciones pueden tener una reacción exagerada. Mientras que un neurotípico las notará y seguirá como si nada, un autista que padezca un alto grado de ansiedad puede llegar a alarmarse y preocuparse.

La terapia cognitivo-conductual no le va bien a todo el mundo, aunque a mí me ha sido útil para redefinir situaciones, conductas e interacciones, y entender mi pasado. Pero después de haber vivido en muchas ciudades y probado diferentes terapeutas, tanto de terapia oral como corporal, tengo claro que ninguna de estas terapias abarca en profundidad muchos aspectos del autismo, del TDAH, las dificultades sensoriales y otros. Ese tipo de mejoría me llegó gracias a la investigación (leer estudios, entrevistar a investigadores, redactar artículos...) y escribir este libro. Como ya he dicho, *el mero hecho de tener información* puede cambiarnos la vida, y es una de las mejores fuentes de ayuda, sanación y crecimiento.

Una cosa que me ha funcionado últimamente es imaginar mi amígdala (la zona del cerebro que ayuda a procesar el miedo y la ira) «calmándose», como encogiéndose o pasando de color rojo fuego a azul relajante, refrescante y suavizante. ¡Funciona, en serio! Siempre había querido ser una de esas personas que encuentran pequeños trucos para sí mismas, puesto que muchas de las indicaciones más populares a mí no me van bien, y este ha sido uno de los hallazgos de los que me siento más orgullosa. De modo que cuando empiezo a recibir demasiados estímulos o a irritarme, me imagino mi cerebro, mi tronco cerebral y todo mi sistema nervioso. Visualizo que todo mi sistema se enfría y que todo mi organismo se inunda de color azul mar aterciopelado. Y siento que mi cuerpo me da las gracias relajándose. Es como si las partes internas de mi cuerpo hubieran estado deseando que les prestara atención, *queriendo ser reconocidas*. Y una vez reconocidas, puedo indicarles, mediante el color y una vívida visualización, que se calmen.

No es de extrañar que estas percepciones corporales intensas (de nuestros propios sentidos y de los demás) sean especialmente poderosas en la vida de las mujeres. Quadt confirma gran parte de lo que ya hemos visto en este libro: las mujeres/niñas recibimos un diagnóstico bastante más tarde que los hombres/niños y la presión social de tener que fingir es mucho mayor para nosotras. Por consiguiente, el autismo y otros rasgos neurodivergentes se manifiestan de forma distinta en hombres y en mujeres. Y Quadt confirma lo que muchas personas me han dicho y ya he mencionado en este libro: «La mayoría de las mujeres que vienen a verme —a las que han diagnosticado tarde—, se sintieron aliviadas al conocer su diagnóstico porque, por fin, supieron qué era lo que las hacía diferentes y pudieron obtener información, conocer a otras mujeres autistas, ver que, al fin y al cabo, no eran tan diferentes y que existía una comunidad donde podían encajar y entenderse mejor a sí mismas».

Quadt concluye nuestra conversación reiterando la alta empatía de las personas autistas, así como la necesidad de que la sociedad cree espacio tanto para ellas como para las neurodivergentes: «Espero que el movimiento neurodivergente crezca y adquiera mayor visibilidad; yo no considero que el autismo sea un trastorno. Es una diferencia en la percepción, emoción, cognición y acción, pero es solo eso, una diferencia, y en ningún caso implica ser inferior. Tengo la esperanza de que las nuevas investigaciones que revelan la alta empatía, por ejemplo, conduzcan a un cambio social. Hemos de crear espacio para todos. Y espero que las investigaciones nos ayuden a llevar este proyecto a buen término».

La otra cara del bienestar: la medicación

La medicación es, por supuesto, otra vía que contemplan muchas personas cuando buscan la forma de lidiar con la alta sensibilidad y la repercusión que esta puede tener en su vida. Yo tomé Prozac (fluoxetina) durante un año, y, en principio, moderó un poco mis sensibilidades, concretamente los sentimientos de rabia que tenía durante las conversaciones logísticas con mi esposo. Ese era el único rasgo con el que realmente necesitaba ayuda, puesto que me gusta la forma en que mis sensibilidades me informan del resto de mi vida, aunque a veces sean molestas. Reduje la dosis de Prozac cuando mi carrera empezaba a despegar. (Una anotación al margen: la observación personal clave fue darme cuenta de lo importante que era mi vida profesional para mi curación. Conocer mi tendencia a hiperconcentrarme y a quedarme absorta en lo que hago cuando tengo material importante en mis manos me ha permitido apasionarme todavía más por las cosas, y la energía que esto me aporta me mantiene estabilizada).

La historia del psiquiatra Lawrence Choy se parece a la mía en algunos aspectos. Graduado en la Universidad de California en Berkeley y en la Facultad de Medicina de la Universidad de Stanford, no se enteró de que tenía TDAH hasta que hubo terminado su residencia en psiquiatría. Entonces, empezó a investigar más a fondo los estudios sobre la neurociencia y ató cabos; durante ese tiempo estuvo tratándose para el TDAH. Esta nueva información alteró drásticamente su perspectiva sobre la psiquiatría y el DSM, y fundó una clínica en Silicon Valley dedicada a emprendedores con TDAH.

«Mi metodología se basa en tratar de entender los síntomas y conductas basándome en el funcionamiento de nuestro cerebro, al contrario de lo que dice el DSM. Por ejemplo, en el caso del TDAH, te lo diagnostican si tienes cierto número de síntomas, dependiendo de tu edad y de tu capacidad de funcionamiento. No se basa en la neurociencia. Pero si observamos el funcionamiento del cerebro y cómo se activa la corteza prefrontal, utilizamos medicación para suplantar las funciones cerebrales», dice Choy.

Considera que su visión es desestigmatizante puesto que no contempla el TDAH como un trastorno. Pero observé que en el sitio web de su clínica se utilizaba el término *trastorno*, así que le seguí preguntando sobre este tema. «En estos momentos, los seguros médicos financian el tratamiento siempre que sea considerado un trastorno. Yo quería hacer un cambio radical, pero mi socio me frenó; él me ayuda a controlarme y a equilibrarme. Estamos trabajando con los dos modelos».

Esto es un reto para muchos médicos, terapeutas y psiquiatras que también defienden la neurodiversidad. Existe un tira y afloja entre cumplir los requisitos para el diagnóstico y la experiencia personal entre el paciente y el doctor. A caballo entre los planteamientos progresistas y los requisitos actuales del sistema sanitario, Choy ha aprendido a cabalgar sobre las olas. «Yo tengo TDAH y cuando hice este descubrimiento, empecé a actuar como si hubiera vuelto a nacer y se lo contaba a todo el mundo. Me di cuenta de que necesitaba hablarle a la gente sobre esta nueva forma de ver este trastorno; con el tiempo, disminuyó la intensidad de mi entusiasmo y reconocí que el cambio lleva su tiempo».

El sistema y modelo actual trata los síntomas y los «trastornos» con medicamentos, dice Choy, pero estos no ayudan a que los pacientes alcancen el «siguiente nivel» en su vida con metas y logros significativos. Los medicamentos pueden ayudar a que una persona se concentre, y cuando esta es capaz de concentrarse mejor, Choy observa qué es lo que desea y la ayuda a «optimizarse» y avanzar hacia sus metas y logros. «Los estimulantes siguen siendo el pilar del tratamiento [para el TDAH], pero la mayoría de los profesionales usan estimulantes basándose en la mejoría de los síntomas, como estar atento y no tener tantos olvidos. No obstante, a gran escala, se trata de usar estos medicamentos para desarrollar la corteza prefrontal, que es donde se encuentran las funciones ejecutivas», como la regulación de la atención, el control de impulsos, la comprobación de la realidad y el hecho de juzgar. «Si esa parte del cerebro está más conectada, la gente puede empezar a ver más cosas sobre sí misma que antes». Según él, cuanto más usas el cerebro, más fuerte se vuelve «y se produce la transformación».

Es revitalizante conversar con Choy. Su lenguaje y su vocabulario siguen siendo el de la patologización, pero tanto él como sus colaboradores están intentando trascender este modelo.

Ampliar las definiciones de los cuidados para la salud mental

Chris Cole es un terapeuta para personas en proceso de rehabilitación de una adicción; está especializado en la intersección del trastorno bipolar y un enfoque alternativo de los problemas de salud mental denominado «emergencia espiritual». Este enfoque contempla la «enfermedad mental» como un proceso mediante el cual se empiezan a despertar los talentos artísticos e intelectuales, y en última instancia, a manifestarse contribuciones innovadoras para la sociedad. Cole es el anfitrión de un popular pódcast llamado *Waking Up Bipolar* ('despertar a los bipolares'), y tuvimos la oportunidad de hablar una mañana después de intercambiarnos correos electrónicos durante varios meses.

«He acabado trabajando en el campo de la salud mental a través de la ecoterapia, el *coaching* y enseñando en diferentes ámbitos relacionados con ese campo». Como PAS autodiagnosticado, ha ayudado a remover conciencias y a hacer que la comunidad profesional local pase a la acción en lo que respecta a adoptar el marco de la neurodiversidad en las prácticas terapéuticas y en los centros educativos. Concretamente, dice «valoro la intersección entre la homosexualidad y la neurodiversidad», puesto que él se identifica como homosexual.

«Sentí verdadera curiosidad respecto a lo que suponía tener una experiencia emocional diferente y lo positiva que era la sensibilidad». Me contó que empezó a entender mejor la etiqueta PAS a través de artículos de investigación y le pareció que era un replanteamiento positivo de la sensibilidad. «El aspecto positivo es que sé lo que es estar en sintonía emocional con la gente. Mi capacidad para percibir el sistema nervioso de otra persona está por encima de la media, lo cual me ayuda en el ámbito terapéutico, pues intento ayudar a las personas a expresar una experiencia o emoción. Y como padre en el ámbito familiar, me siento mucho más capaz de responder, gracias a esa sensibilidad. Puedo ofrecer a mis dos hijos el don de descifrar su propio panorama emocional y las microexpresiones de cómo experimentan el mundo».

Cole dice que hay una parte más difícil: la de cuidarse y defender mucho más sus límites. En el aspecto práctico, ha de gestionar con cuidado su agenda, el sueño y la alimentación; además, practica meditación mindfulness. La parte «negativa» es la de tener que adaptarse a la naturaleza rápida de nuestra cultura, y esto lo quema con facilidad. «Mi sensibilidad me aporta la pasión por ayudar a la gente y propiciar la transformación en el mundo, pero he de compensarlo desconectando y regresando a lo que es más natural para mi sistema nervioso».

Le pregunté cómo trabajaba con los pacientes altamente sensibles y me habló de los aspectos filosóficos y prácticos. «Es importante validar realmente la sensibilidad de una persona. Hay mucha tendencia a que te tachen de enfermo por ser sensible, y esta patologización (puesto que somos seres sociales) hace que sea imperativo que haya otra persona que sirva de espejo y proyecte la positividad y la sabiduría que encierra la sensibilidad. No soy muy normativo; mis preguntas son abiertas, curiosas y motivacionales, para que la experiencia terapéutica sea personalizada». También ayuda a la gente a desenvolverse en la búsqueda de atención y servicios médicos, como medicación psiquiátrica. Se ha propuesto educar y empoderar a sus clientes sobre el sistema médico, debido a la elevada cantidad de personas a las que rápidamente se las etiqueta como enfermas.

«Por ejemplo, si a alguien le diagnostican trastorno bipolar y va a la consulta de un médico, muchas personas no tienen suficiente información respecto a lo que eso [el diagnóstico] significa realmente. Un diagnóstico no es más que una lista de síntomas, y si reúnes dichos síntomas durante cierto tiempo, tienes todos los números para que te toque dicho diagnóstico. Así que esto es lo primero que han de entender los pacientes: que es una evaluación de síntomas». A continuación habla de la utilidad de un diagnóstico y señala que su eficacia radica solo en el tratamiento que nos aporta. Una de las razones para tener un diagnóstico es conocer qué tipo de tratamiento aplicar. Esta información ayuda a los pacientes a conocer mejor lo que les está pasando realmente. «Mi función como defensor de ayudar a las personas a que reflexionen bajo el prisma de la neurodiversidad es pedirles que identifiquen qué síntomas son un problema para ellas. Esto restaura su capacidad de acción. Suelen mencionar síntomas como la agitación o la irritabilidad. Y luego diseñamos unos pasos que deben seguir para reducir el impacto negativo de esos síntomas y mejorar su calidad de vida».

Cole detalla la compleja situación en la que se encuentra cuando tiene que actuar en ambientes de psicología neurotípica tradicional, donde lo que impera es la patologización. «Siento compasión por las personas que tienen poder (progenitores y médicos, entre otros). Conozco muchos psiquiatras que tienen un gran corazón, que son personas bienintencionadas». Pero reconoce los dolorosos síntomas psicológicos que suelen padecer los individuos neurodivergentes sensibles en lo que él denomina «una sociedad que está muy desconectada de su naturaleza». Se espera que estas personas vivan su vida ahí fuera en «un mundo despiadado». Para él supone un esfuerzo extra trabajar en entornos donde domina la patología. «Me resulta irritante. Como persona sensible, creo que trabajo mucho más que el resto, porque me identifico con el sufrimiento de la persona a la que le han dado el diagnóstico, y veo que otros profesionales hablan del tema con absoluta frialdad, sin tener presente el aspecto humano. Es una especie de microagresión o cualidad subversiva que me exige un gran esfuerzo para estar presente».

Entonces se plantea la cuestión de cómo van a realizar su trabajo los terapeutas y médicos que están en la cúspide de la atención clínica basada en la neurodiversidad. Como dijo Joel Salinas, lo que importa es tratar la angustia, no la diferencia. Y con cada nuevo planteamiento o movimiento, se produce un periodo de transición y de fusión de ideas nuevas y antiguas. En la práctica, según Cole: «Para trabajar con Medicaid,* tiene que existir una jerga médica y una orientación respecto al tratamiento, para que financie a la persona que solicita sus servicios. Por lo tanto, hay un problema: por una parte, deseo que las personas tengan más acceso a una psicoterapia de calidad, pero, por otra parte, tienen que encontrarla dentro de un ámbito predominantemente medicalizado. Es un callejón sin salida, porque si el paciente abandona el sistema sanitario tradicional, tiene que autofinanciarse los costes de su tratamiento. La solución es pagarte la terapia de tu bolsillo. Esto supondría una antiopresión, pero no todo el mundo se lo puede permitir. Quiero dar un buen servicio, pero también me veo obligado a dar un diagnóstico tradicional».

Cole se ha encargado de integrar la neurodiversidad con enfoques de salud mental en el ámbito del asesoramiento sanitario y confía en su «pequeña comunidad» de Colorado, como él la llama. «Nuestra comunidad de centros de asesoramiento habla conmigo

---

* N. de la T.: Una de las mutuas médicas del Gobierno estadounidense que ayuda a las personas con ingresos bajos a financiar sus gastos médicos.

respecto al trabajo que estoy haciendo en este campo. He visto el entusiasmo de asesores, terapeutas, trabajadores sociales y psiquiatras respecto a la forma en que el paradigma de la neurodiversidad podría implementarse en el ámbito de la salud mental, de manera que los usuarios no pierdan el derecho a obtener los servicios que necesitan. Creo que ese es el límite que hemos de seguir ampliando».

Para los médicos, la dificultad de ese «límite» radica en cómo seguir hablando de los síntomas problemáticos o dolorosos de dicha experiencia, a lo cual Cole responde que tiene que haber un nuevo replanteamiento sobre la liberación que conlleva aliviar el dolor y el sufrimiento y la que proviene de la «antiopresión de enfrentarse a los supuestos culturales, médicos y sociales de estos síntomas».

Puesto que la expresión *atención informada sobre el trauma* se ha puesto de moda, también trataré el tema del trauma. Ser conscientes del trauma y de cómo afecta a la vida de las personas ha sido, más que importante, fundamental, pero han surgido problemas: principalmente, el de la actitud mental que quiere atribuirlo *todo* a algún trauma, como si existiera una especie de «normalidad» a la cual todos pudiéramos regresar una vez resueltos todos los traumas o como si nunca hubiéramos experimentado ninguna dificultad durante nuestra infancia. Esta perspectiva corre el riesgo de replicar la simplicidad de antiguas teorías. En la especie humana pueden existir variaciones naturales (como sugiere el marco de la neurodiversidad) y, además, algunas personas pueden sufrir traumas. Lo importante y necesario es la integración de ambos puntos de vista y marcos de trabajo.

El sonido de la sensibilidad

Durante mis entrevistas, especialmente con terapeutas ocupacionales y especialistas en traumas, el tema del sonido ha sido recurrente. Tal vez no sea en lo primero que pensamos cuando hablamos de sensibilidad o de traumas, pero a las personas neurodivergentes les afecta más el sonido que a las neurotípicas. No hemos de subestimar el papel que desempeña la audición en nuestra experiencia del mundo.

La razón de la preocupación que existe actualmente respecto al sonido es por el efecto que tiene el ruido sobre nuestro sistema nervioso. Investigaciones recientes sobre el sonido y el bienestar indican que las frecuencias extremadamente bajas, como el zumbido de la nevera, y las extremadamente altas, como la bocina de un coche, hacen que nuestro sistema nervioso entre en el estado de lucha o huida. Pero investigadores y médicos utilizan esta información de modos muy distintos.

Stephen Porges, profesor de Psiquiatría en la Universidad de Carolina del Norte, ha desarrollado una intervención con música para las personas con sensibilidad acústica, incluidas las que tienen TPS, TDAH y trastorno del espectro autista. El Protocolo Seguridad y Sonido (PSS) es una intervención que ayuda a las personas a alejarse de los sonidos que les producen esa reacción y a regular su sistema nervioso y su interacción con la estructura del oído medio. El PSS se basa en investigaciones que revelaron que infundir la sensación de seguridad en el sistema nervioso se traduce en una conducta más tranquila y regulada. La intervención se basa en un sistema de música filtrada que se escucha con unos auriculares que sensibilizan progresivamente al usuario a los sonidos (eliminando los sonidos detonantes) y devuelve a la persona al estado de regulación. Muchos adultos y niños y niñas han expresado una satisfacción intensa y han reducido considerablemente su ansiedad gracias a esta intervención.

Bill Davies, profesor de Acústica en el Reino Unido, también autista, nos diría que nos centráramos mucho más en el papel del entorno, de las normas y estructuras sociales más que en las intervenciones individuales. Observa el papel de la contaminación acústica y de las nuevas reglamentaciones que dictan los organismos oficiales, como la Organización Mundial de la Salud, por ejemplo.[3] Como autista, le preocupa mucho la desigualdad en el diseño del sonido y cómo los paisajes sonoros afectan a las personas de diversas formas. Dice que los coches, por ejemplo, son los principales causantes de la contaminación acústica. Lo suyo es un gran punto de vista sobre las normativas para el ruido y cómo el diseño del sonido puede ayudar a fomentar el bienestar intencionadamente.

Luego tenemos a Lindy Joffe, una terapeuta ocupacional a la que le preocupa el diseño y la construcción de los centros educativos. Por ejemplo, suelen tener suelos de linóleo, lo cual expone a los alumnos a un bombardeo acústico, ya que el sonido rebota en dichos suelos. Me habla sobre la importancia de hacer que los niños estén en contacto con la naturaleza, que escuchen los sonidos para los que estamos diseñados los seres humanos. La ansiedad se ha convertido en uno de los principales problemas por los que la gente va a su consulta: la última novedad. En cuanto a los adultos, como la mayor parte de los terapeutas ocupacionales que he entrevistado para este libro, Joffe dice que la mayoría de los que van a verla por depresión o ansiedad desconocían sus problemas sensoriales subyacentes. De modo que intervenciones sencillas en la naturaleza, como viajes cortos de acampada, pueden ser tan útiles para niños como para mayores, porque los sonidos de la naturaleza ayudan a regular el sistema nervioso.

La audición, el sonido y las estructuras del oído medio son aspectos donde coinciden la neurodiversidad, la terapia ocupacional y el campo del trauma. Algunos verán la sensibilidad acústica como el resultado del trauma, pues en algunos casos podría ser, pero para muchas personas, el trauma se debe a vivir en un mundo que simplemente es demasiado ruidoso. Existen distintos tipos de traumas; nuestra propia naturaleza humana está sujeta a experiencias que se presentan como desafíos o motivaciones y nos van moldeando. Cada día se va grabando en nuestro ser, dando forma a nuestra personalidad y nuestras características. Como dijo Teresa May-Benson, cada día puede suponer un trauma para las personas con TPS, por ejemplo. Por tanto, es importante pensar en el efecto del sonido en nuestra vida cotidiana, a la vez que avanzamos en la mejora de nuestro bienestar. Independientemente del resultado, muchos solo queremos una sociedad y una rutina diaria que sea más compatible con quienes somos y con quienes queremos llegar a ser.

El bienestar neurodivergente: consejos para cuidar de ti misma

Puedes seguir unos pasos para empezar a hacer este cambio hacia un estilo de vida sensorialmente compatible. Las siguientes sugerencias surgen directamente de mi propia experiencia. Como soy periodista, no terapeuta, no puedo recetar lo que deberías hacer, pero puedo ayudarte a sintetizar lo que he visto, observado, investigado y experimentado:

- Tómate tu tiempo. Puede que este libro sea tu primera incursión en la neurodiversidad o tal vez seas toda una experta. Puede que sientas que estás madura para el cambio o que solo estás empezando a meter el pie en estas nuevas aguas. Ambos casos son correctos. Deja que las ideas, reflexiones y realizaciones vayan madurando.
- Prueba distintos planteamientos y quédate con lo que a ti te funcione de cada uno. No te sientas obligada a quedarte con esa meditación mindfulness, con ese grupo con el que

haces círculos terapéuticos o con cualquier otra táctica de intervención o autocuidado. Una vez que hayas obtenido lo que necesitas de un método en particular, pasa al siguiente.

- PERO ¡no te detengas cuando algo funcione! Si funciona, sigue. Siente la libertad de abandonarlo cuando consideres que ya te ha dado todo lo que podía darte (o cuando te resulte demasiado caro).

- Instrúyete, concretamente cubre tu falta de conocimiento visual y mira imágenes, diagramas, gráficos, ilustraciones y otros sobre tu cuerpo, tu anatomía, tu sistema nervioso, tu cerebro, etc.

- Anota lo que te ha funcionado. Si escribir es catártico para ti o aspiras a escribir un libro o publicar un artículo, tomar notas puede serte muy útil para crear un arco argumental.

- Informa a tu familia, amistades y, en algunos casos, a tus círculos de las redes sociales sobre tu neurodivergencia, si consideras que es seguro hacerlo. Abrirte y compartir tu verdad puede ser sumamente terapéutico. También es útil desde una perspectiva práctica, porque puede que tu pareja quiera saber qué estás haciendo en todas esas visitas (especialmente, si son caras). No te sentirás tan sola ni alienada cuando tus amistades sepan lo que estás explorando; así podrás conversar o al menos revisar tus progresos.

- No te sientas culpable cuando empieces a encontrarte mejor. Curiosamente, esto no es fácil. Da mucho poder saber lo que te ha estado pasando durante tantos años. Te sentirás animada y renovada (y por supuesto, a veces furiosa, confundida o angustiada). Luego, al cabo de un tiempo, cuando integres la nueva información en tu vida y tu identidad, todo se normalizará. Y te sentirás bien. Quizás con menos ganas de luchar. No te preocupes. El objetivo es la integración. No

pienses que tienes que adaptarte a un estereotipo mediáti-
co de cómo ha de ser una persona neurodivergente, que la
mayoría de las veces es lamentable e incómodo. Estamos
aquí para cambiar el relato; esto implica que has de encar-
nar audazmente tu neurodivergencia y, para el mundo, será
tremendamente positivo verte alegre y feliz.

Capítulo 6

El hogar

Para mí el concepto de hogar abarca el entorno y las relaciones. Siempre me han afectado mucho los lugares: cuando era niña, sentía tristeza cuando estaba en zonas residenciales o de oficinas impersonales, o alegría y asombro cuando estaba junto al mar. Y creo que a las personas neurodivergentes sensibles no solo nos afectan especialmente los entornos, sino que, de entrada, los experimentamos de otra forma debido a nuestras sensibilidades sensoriales.

Lo mismo nos sucede con nuestras relaciones: no experimentamos la dinámica humana como la mayoría de las personas debido a nuestras sensibilidades. Esta es la razón por la que arguyo que se puede suponer que nuestro umwelt (término alemán que significa 'entorno' y que en psicología se usa para describir nuestro mundo sensorial) también lo experimentamos de un modo diferente que las personas neurotípicas. Creo que ya es hora de que también nos tomemos en serio los distintos umwelts de las personas autistas, TPS, PAS, sinestésicas y TDAH, y creemos un mundo donde todos podamos sentirnos en casa.

Replantear el diseño de la sensibilidad

La autora Ingrid Fetell Lee, exdiseñadora de la empresa de diseño IDEO, dedicó una década a investigar lo que ella llama la «estética de la felicidad». Gracias a sus investigaciones con psicólogos, historiadores y otros, ha establecido un claro vínculo entre nuestro entorno, la salud mental y el bienestar. En su libro *Las formas de la alegría: el sorprendente poder de los objetos cotidianos*, publicado en 2018, da la vuelta al guion sobre la «sobreestimulación» y la «infraestimulación».

«Si consideramos la naturaleza como la base de lo que nuestros sentidos son capaces de procesar, esta no es silenciosa, tranquila o quieta (la naturaleza está en movimiento constante); sin embargo, es el escenario más relajante al que tenemos acceso». De modo que, aunque suprimamos los ruidos altos o el movimiento intenso, para crear calma, Lee pone en tela de juicio tales supuestos: «Creo que confundimos algo que es relajante con algo que es menos estimulante, cuando en realidad pienso que muchos de nuestros entornos son infraestimulantes». Por ejemplo, un edificio de apartamentos o un dormitorio universitario de hormigón se podrían considerar un «problema de infraestimulación».

Lee me habla del concepto de *snoezelen,* ('entornos multisensoriales'), desarrollado en Holanda, donde los niños y niñas autistas pueden estar en habitaciones acogedoras, relajantes y oscurecidas, con iluminación de color púrpura y azul con dibujos, casi como una habitación psicodélica de la década de 1960 o el escenario de una película de Austin Powers. Dice que el *snoezelen* es una práctica en pleno florecimiento, pero hace que nos replanteemos nuestros conceptos de iluminación, dibujos y estimulación. Cree que muchos de los problemas de la arquitectura moderna, del diseño de oficinas, de la distribución de habitaciones y de otros entornos es que los seres humanos no recibimos el tipo de estimulación *correcta*. No se trata de sobre- o infra- ni de malo o bueno, sino de encontrar tu punto óptimo. Así que si quieres pintar una habitación de naranja o amarillo (tradicionalmente, considerados colores «brillantes»), puedes jugar con la cantidad de blanco que debes añadir para descubrir el tono que relaja tus sentidos.

Le pregunto a Lee cómo se contempla la salud mental y el bienestar en la arquitectura y el diseño profesionales, porque cuando yo iba a la escuela para graduados para mis estudios de Salud Pública, se hacía mucho hincapié en temas sobre cómo afecta físicamente la facilidad de movilidad peatonal en los barrios a personas con enfermedades como la diabetes o la obesidad. «¿Qué pasa con nuestra vida interior, nuestro bienestar emocional y nuestra salud mental?», me preguntaba con frecuencia.

La respuesta de Lee despierta mi curiosidad. En su investigación descubrió que la arquitectura ha heredado el mismo tipo de tendencia hacia la conducta que la del campo de la psicología. Concretamente, en nuestros espacios impera la tendencia real de la mentalidad colonialista. Cuando los europeos empezaron a construir colonias en Asia y África, sentían rechazo por la expresividad de los nativos y sus formas de manifestar la alegría: tocar el tambor, bailar y las celebraciones públicas formaban parte de su vida cotidiana. Los europeos no eran muy dados a manifestar sus emociones, ser demasiado expresivos, alegres o eufóricos, para evitar confusiones respecto a quiénes eran los colonizadores y quiénes los colonizados. Así que la cultura europea se decantó hacia la represión para diferenciarse de las otras culturas que los europeos tildaban de salvajes. «Eso tenía implicaciones en la forma de vestir... y en la arquitectura —dice Lee—. La arquitectura se volvió restrictiva, y en el modernismo temprano la gente menospreciaba la ornamentación».

Para las personas sensibles, cuyas necesidades no han sido contempladas por la mayoría de las estructuras sociales (incluido el diseño, pero también la educación, la cultura de trabajo, las prácticas organizacionales, la salud pública y la planificación urbanística), es importante que consideremos cuidadosamente las «normas» bajo las cuales nos hemos estado guiando. Si sentimos que no estamos en sincronía con las preferencias generales de color, diseño, relaciones y otros factores que influyen en nuestro día a día y en nuestra sensación de confort y nuestro sentimiento de pertenencia al mundo, es razonable pensar que lo que se ha llegado a definir como «normal» tal vez no sea lo mejor para nosotros debido a los *umwelt* en los que habitamos; y por esa misma razón, lo que consideramos «normal» tal vez no sea lo mejor para *nadie*.

«El grado de disfuncionalidad en nuestro entorno es épico. Existe un problema más profundo en cómo hemos diseñado los espacios para relajarnos y trabajar. El problema es que simplificamos y aislamos, pensamos que las ventanas nos distraerán, pero en realidad la concentración mejora cuando hay ventanas en un entorno». Y la respuesta de quienes experimentan con la terapia *snoezelen* es reveladora, dice Lee. «Las personas mayores que tienen demencia están perdiendo su memoria y sus sentidos. Así que de algún modo están perdiendo su vínculo sensorial con el mundo. Las pruebas anecdóticas con la terapia *snoezelen* dan a entender que las personas se "despiertan". Esta es un área en la que se ha investigado poco».

La conservadora de diseño contemporáneo del Museo Nacional de Diseño Cooper-Hewitt, de la ciudad de Nueva York, Ellen Lupton, me dijo algo parecido en medio de una exposición pública de diseño sensorial.[1] La exposición exploraba el diseño que atrae a los sentidos que no están implicados con el campo visual. Los organizadores estaban interesados en cosas que utilizan múltiples sentidos y que juegan con la integración de los sentidos y las percepciones. Por ejemplo, el sonido y la vibración están íntimamente relacionados porque el sonido *es* una vibración. La muestra incluía experiencias para que las personas disfrutaran e hicieran una inmersión siendo plenamente conscientes de sus facultades sensoriales, así como de los productos que están diseñados para ayudarlas a utilizar diferentes experiencias sensoriales para resolver un problema o mejorar su vida. Por ejemplo, había un reproductor de música que traducía el sonido en vibración que podías sentir a través de la piel y un «reproductor de aromas» que creaba el aroma del desayuno, del almuerzo o de la cena.

Lupton es la responsable de aportar *experiencias* al público y su objetivo es ayudar a la gente a entender el diseño, a reflexionar sobre él y a entusiasmarse con él. Su trabajo tiene componentes académicos, prácticos y profundos; consiste en pensar sobre el diseño en todas sus facetas y educar a los asistentes sobre cómo informa este a nuestro mundo y cómo informamos nosotros al diseño. «Me interesa la corporeidad, la percepción encarnada y la forma en que el lenguaje hace referencia a un tipo de fisicidad de la experiencia. No somos solo cerebros flotantes», dice. El mundo del diseño es muy físico: todo lo que tocamos y usamos (una sartén, una silla o un libro) tiene peso, sonido, temperatura. Estamos muy conectados con una silla, una puerta, un coche o un vehículo, por ejemplo; es como la piel o el útero. Prosigue: «Creo que existe la necesidad de la experiencia real y física. Creo que la gente quiere sentir más».

Lupton también enseña diseño gráfico, y le llama la atención la temprana edad a la que los diseñadores se interesan por los componentes no lingüísticos de la experiencia. Lo sensorial tiene algo que atrae a la gente, la despierta a la experiencia plena de ser humana y estimula su curiosidad. Por ejemplo, ella tiene alumnos de diferentes países asiáticos que están especialmente interesados en los sentidos. Yo observé lo mismo cuando viví en Asia y visité Tailandia, Corea y Japón. Allí hay mucha riqueza de diseño tanto público como privado (las calles, los barrios, la vegetación y los bloques de apartamentos), y es estimulante de un modo relajado. Al pensar en nuestro entorno ideal, deberíamos integrar, profunda e intencionadamente, una visión más amplia de la vida de nuestros sentidos en el momento de diseñar y materializar esos entornos.

Nuestros mundos privados

Para mí sentirme en casa significa poder sumergirme en un espacio que trascienda mi propio cuerpo, algo así como fusionarme con una habitación, un lugar o incluso una persona. Joel Salinas, el neurólogo de la Universidad de Harvard con sinestesia, explica sentimientos similares y ha descubierto que muchos sinéstetas también experimentan lo mismo. Imagino que muchas personas sensibles de diferentes tipos neurológicos se verán reflejadas en esto. Tal vez los neurotípicos lo experimentan cuando practican la meditación mindfulness ('atención plena'). Para mí es mi estado natural por defecto —casi como un estado de asombro— sin desencadenantes de ansiedad en esa habitación o día en particular.

He experimentado con muchos entornos, rutinas, rituales y dinámicas humanas para descubrir cuál es mi punto óptimo de estimulación, qué es lo que hace que mi yo sensible se sienta cómodo y en armonía con mi *umwelt* correcto, en medio de una sociedad de muchos contrastes. El objetivo es descubrir qué es lo que hace que sientas que «esto es lo tuyo» y cómo puedes mantener ese sentimiento y esa compatibilidad. Sabes quién eres y cuál es tu perfil de sensibilidad; entonces, se trata de cambiar un par de factores para que puedas llegar a ser tu más capacitada y mejor versión, aunque el mundo exterior o la realidad difiera de tu *umwelt* único.

Para algunas personas, el diseño y la distribución de su casa, su calle y su vecindario desempeña un papel importante para regular su sistema nervioso sensitivo y calmar su predisposición a la ansiedad. Por el momento, yo he encontrado mi particular sentido de lugar* viviendo en barrios tranquilos, verdes y multiculturales. Vivo en un tranquilo barrio de las afueras rodeado de árboles y colinas, y los vecinos que me rodean son todos de distintas nacionalidades. No hay mucha gente que vaya a pie, pero oigo las fiestas de baile guatemaltecas y huelo el aroma de la cocina iraní. No me relaciono demasiado con muchas personas, pero me siento en mi despacho y canalizo mi estado predeterminado de asombro estimulante a través de la escritura y del activismo. Aparte de mis adorados paseos y del tiempo que paso cerca del agua, no necesito demasiados estímulos; me basta y me sobra con lo que fluye de mi mente y mi energía corporal. Mi casa es sencilla y cómoda, y me encanta.

Paisajes marinos y universos estrellados con luz azul

El arquitecto Kijeong Jeon, de origen surcoreano, vino a Estados Unidos para estudiar y se quedó a trabajar en varios lugares de la zona de la Bahía de San Francisco. «Cuando llegué a Chico hace unos diez años, recibí una llamada [de un hombre] para que lo ayudara con un diseño de interiores. Al principio, solo me pidió que lo ayudara a seleccionar una moqueta. Así que le pregunté por los usuarios, el espacio y la actividad que iban a realizar, y me dijo que era para un centro para personas con trastorno del espectro autista. Hasta entonces no sabía lo que era el autismo». Jeon buscó en

---

* N. de la T.: Es la orientación personal hacia un lugar, en el que la comprensión personal y los sentimientos se fusionan para construir significados sobre el entorno, donde las personas y las comunidades desarrollan profundos apegos a través de sus experiencias y recuerdos.

Google y se quedó de piedra al ver que había tantas personas en el mundo con este trastorno. Lo que empezó como una petición para escoger moqueta se acabó convirtiendo en una serie de excitantes proyectos pensados para el diseño, el bienestar, y los clientes autistas.[2]

«Los aspectos sensoriales —especialmente la iluminación, la acústica y los aspectos táctiles— son importantes. Los estímulos a los que reaccionan las personas del espectro autista son muy diferentes de las cosas a las que reaccionan los demás». El cliente de Chico no tenía una fecha límite cerrada, así que Jeon estuvo seis meses investigando para realizar ese encargo. No encontró ningún estudio de caso en Estados Unidos, pero sí encontró unos cuantos en Inglaterra, así como varios ejemplos de diseño terapéutico en Alemania y en Holanda.

Quería centrarse en crear un ambiente seguro para sus clientes a través de la forma, las figuras y el color. Se preguntó: «¿Qué les ayuda a sentirse seguros?». En sus investigaciones se encontró con las habitaciones multisensoriales *snoezelen*, con su iluminación tenue, tubos de agua azul oscuro con burbujas y proyecciones del espacio exterior por las paredes, diseñadas para ser relajantes y energizantes al mismo tiempo.

Jeon creía que el color era importante, así que se centró en los azules y en los magenta para crear una sensación de protección y seguridad para sus clientes autistas. En su investigación sobre la salud mental y el color, descubrió que los aburridos marrones y beis que se suelen usar en los hospitales no serían una buena opción; las tonalidades violetas son más versátiles, así que se decidió por ellas para satisfacción de sus clientes. En una habitación instaló luces violeta y magenta. La llamó la «sala de huida», y era el lugar donde podían retirarse cuando sentían una sobrecarga sensorial, notaban que iban a tener un estallido o se iban a poner a llorar. Estas habitaciones, pequeñas y acogedoras, siguen siendo las favoritas en el centro.

Por supuesto, es importante que tengamos en cuenta que, al aplicar el *snoezelen* u otros principios de diseño sensorial terapéutico, todos somos diferentes, razón por la cual Jeon no es partidario de prescribir una serie de normas o directrices. Por ejemplo, a mí me encantan los tonos azules, el agua y las criaturas marinas, pero a ti puede que te gusten más el rosa o el naranja y las flores y los árboles. Sin embargo, Jeon sugiere transiciones graduales del interior al exterior, para que la vista se pueda adaptar, especialmente cuando usamos *snoezelen*, ya que estamos en un entorno más bien oscuro. También es importante que tengamos en cuenta el sistema de climatización que vamos a instalar y el impacto acústico que puede ocasionar.

Jeon siempre supervisa cómo están funcionando sus diseños y se ha dado cuenta de que algunos de sus espacios abiertos y grandes no son una buena opción para sus clientes autistas; los espacios más pequeños y acogedores son entornos más eficaces y relajantes para ellos. «He descubierto que es muy importante compartimentar el espacio», dice. Se ha percatado de que la luz tenue con una gama de colores púrpura, rosa y fucsia funciona muy bien, junto con los «tubos de burbujas» decorativos bien iluminados, las mantas con peso y los pufs.

Jeon también huye intuitivamente del lenguaje patologizante; no usa la palabra *paciente*, sino *cliente*, porque la primera «hace que consideres a estas personas como enfermas». Aunque en su Corea natal estos temas todavía están estigmatizados, él considera a sus clientes solo como «diferentes», ni buenos ni malos, ni normales ni anormales, simplemente diversos. Su capacidad para adaptarse a estas diferencias ha propiciado el florecimiento de estos seres únicos y variados, y que puedan hallar la tranquilidad en sus hogares.

La intimidad, las relaciones y el espacio donde estar

Denise y Tim: rellenando sus mutuos vacíos

«Hemos sido amigos desde octavo y hace seis años que salimos en serio», me dice Denise por Skype, junto a su novio, Tim, que está sentado a su lado. Denise es la estudiante de Medicina que conocimos en el capítulo tres, a la que le diagnosticaron autismo a los veintiocho años, años después de graduarse en una de las mejores universidades de la Costa Este. Yo estaba interesada en saber más sobre su vida en pareja. «Es verdaderamente conveniente que nos gusten los mismos entornos. Yo me defiendo mejor que él con la gente y en entornos muy estimulantes».

La pareja es natural del Sur y se crio en la misma calle. Tim es alto, apenas cabe en la ventana de Skype. A diferencia de Denise, tiene un marcado acento sureño. Me dice que jamás había considerado autista a Denise hasta hace poco. «Puesto que hace tanto tiempo que nos conocemos, nunca se me había ocurrido que este trastorno tuviera algo que ver con ella hasta que empezó a estudiar estas cosas. Si nos conociéramos ahora de adultos, tal vez lo notaría porque a medida que te haces mayor te vuelves más exigente y toleras menos la forma de ser de la gente. No diría nunca que ella tiene X, Y y Z. No catalogo a las personas de esta manera. Considero que cada cual es como es —dice Tim—. Como unidad nos complementamos mutuamente. Yo relleno sus vacíos y ella los míos».

Tim tiene TDAH y dice que es una ayuda para él, sabe desenvolverse en muchos tipos de entornos diferentes aparte de estar sentado en su mesa de despacho. Él recuerda responsablemente las tareas diarias para mantener el orden en el hogar. También es sociable y Denise siente que puede confiar en él para que sea su base sensorial estable. Aunque ella diga que puede planificar a largo plazo, encargar y programar las cosas con antelación, confiesa:

«No puedo fregar los platos cada día o acordarme de conectar el aire acondicionado».

Denise prosigue: «Mi gran agotamiento autista se produjo cuando vivía en Nueva York y empezábamos a salir. Me sentía quemada al final del primer curso de la carrera de Medicina, que es la razón por la que fui al médico a que me diera un diagnóstico y por la que necesité algunas adaptaciones». Al mismo tiempo, Tim estaba lidiando con una adicción a los opiáceos. «Nuestros sistemas nerviosos se habían quemado –dice Denise–. Nos vimos obligados a ampliar nuestra comprensión sobre cómo nos presentábamos ante el mundo, a fin de poder comunicarnos y afrontarlo juntos».

Les pregunto qué consejos podrían darme para otras parejas. «Tiempo separados», dice Tim. Él trabaja en el campo de la construcción, se levanta temprano y vuelve del trabajo a las tres de la tarde. Cuando llega a casa, Denise suele estar estudiando. A él le parece que eso está bien y que es un signo de madurez. Denise dice que es importante comunicarse. «Los dos valoramos mucho la autenticidad. Ambos apreciamos la comunicación directa y nos permitimos hablar sin tapujos entre nosotros. Nuestra comunicación directa e incluso molesta no es apta para todos los públicos. Los dos hablamos el mismo idioma. Se nos da muy bien vocalizar cuando no nos funciona el estilo de comunicación».

Denise dice que su mayor dificultad es relacionarse con otras personas. Sin embargo, el mundo que esta pareja se ha creado les ofrece una seguridad y una familiaridad que les ayuda a reafirmarse y que los demás no siempre entienden. «La gente no nos entiende muy bien», dice Denise. Pero Tim añade: «Nosotros nos sentimos muy cómodos».

Yo no diría que Denise y Tim son «típicos» en su dinámica neurodivergente y en su forma de manejarla, *porque no hay nada que pueda considerarse típico*. Lo que me asombra es lo compatibles que son. Viven en una cultura compartida, tal vez hasta en un *umwelt* compartido, dadas sus sensibilidades. Me llama la atención la dulce ternura que hay entre ambos. Y no la veo tan diferente de algunas amistades que tuve en mi juventud en la Facultad de Arte, donde la neurodivergencia todavía no era común y no se clasificaba a los niños y niñas.

Isabel y Dan: raíces familiares neurodivergentes

«Siempre he sabido que era neurodivergente —dice Isabel—. Y probablemente, ¡elegí a Dan porque sabía que él también lo era!». Dan sonríe y dice que él no se había puesto ninguna etiqueta hasta que «Isabel me "despertó"».

Isabel, a quien conocimos en el capítulo tres, está alegre y sonriente mientras mira a Dan. Es la mayor de cinco hermanos y no supo que era autista hasta los cuarenta, cuando le diagnosticaron autismo a su hijo. Ella estudió Biología y trabajó como forense en un laboratorio de criminalística, antes de dedicarse al arte.

La pareja describe su educación «alternativa» en una pequeña ciudad costera de California. La música y la moda eran dos de los ejes de sus vidas cuando se conocieron de adolescentes en un avión, en su viaje a Europa para participar en un programa de intercambio, hace más de treinta años. (Isabel dice que la primera vez que vio a Dan en el aeropuerto, se sintió atraída hacia él por su buen gusto en el vestir). Ambos se consideran personas a las que les importa mucho la estética, y Dan me habla de la gran creatividad de Isabel.

Dan es policía, y sus compañeros han observado que siempre está canturreando: para él es su forma de autoestimulación. Isabel también lo hace; dice que eso le ayuda a hacer la transición entre las tareas y las actividades. Ella se considera TDAH y autista. «Unas veces tardo más en procesar y otras lo hago mucho más rápido —dice—. Parte de mi proceso de quitarme la máscara ha supuesto liberarme de la culpa y no machacarme como solía hacerlo antes». Está aprendiendo a tratarse mejor. «Soy más espontánea; ¡me ha costado serlo!». Pero Isabel siente que se ha vuelto más creativa a raíz de haber ido desvelando facetas de su personalidad. Siente que «fluye» más a menudo, por ejemplo cuando pinta o escribe. Y conectar con la comunidad y conocer a otras personas neurodivergentes ha sido esencial para su sanación y para reducir la estigmatización y la patologización.

Para que su relación fluya sin problemas, «avisar» ha sido una práctica muy importante para ellos, como comunicar al otro que va a llegar tarde. Isabel dice que necesita que le recuerden hacer esas cosas (suele llegar tarde y a veces tarda cuatro o cinco horas más que otras personas en hacer una tarea). Dan, por su parte, se rige por sistemas y rutinas, y siempre llega pronto. Se ríen al compartir esto conmigo. Pero se quieren y permiten al otro ser tal como es. Dan admite que le molesta que ella siempre llegue tarde. «Y encuentro pegatinas de la fruta por todas las paredes. Pero hemos aprendido a adaptarnos a nuestras diferencias. Una de las cosas que más lamento es haberla llamado perezosa. Eso fue antes de nuestro despertar. No es perezosa ni nunca lo ha sido. Nuestro despertar nos ha ayudado a entender y a respetar nuestras diferencias neurológicas».

«No soy la mejor comunicadora verbal», dice Isabel. A veces, intenta verbalizar algo, pero lo que sale de sus labios no es lo que quiere decir. «Me sale mejor cuando hablo cara a cara». En ocasiones, Dan y ella se escriben cartas. No están de acuerdo con el consejo típico de no irse nunca a dormir enfadados. «Nos ha costado todos los años que llevamos juntos llegar a esta conclusión», dice ella.

Isabel siente que antes estaban atrapados en lo que la sociedad dice sobre el matrimonio y la crianza, pero ahora les resulta más fácil. «Tener hijos ha sido muy interesante. Si nos compararas con la familia tipo, somos un poco diferentes en nuestra forma de educar. Nosotros somos más de dejar hacer, y los demás padres nos parecen dictadores. Los hijos tienen sus propias pasiones y sueños, y nosotros los apoyamos en lo que quieren hacer». Dan asiente, señalando que son padres atentos y que siempre intentan dar buen ejemplo. «Lo que quieres como padre es que tus hijos se encuentren a sí mismos y hallen su propia forma de resolver los problemas y de llegar a conclusiones respecto a quiénes son y lo que quieren llegar a ser. *Has de integrar*», dice para concluir.

Una vez más, como me sucedió con Denise y Tim, alucino al ver la compatibilidad que hay entre Isabel y Dan. Una energía desenfadada emana de esta pareja cuando responden a mis preguntas, y puedo sentir la importancia que su cultura costera de origen tiene para ellos. De nuevo siento su *umwelt* compartido, una sensación de estar en casa y en su lugar, profundamente revitalizadora y estimulante, que fomenta el desarrollo de ideas y abrirse hacia el exterior para innovar sin las trabas de las restrictivas barreras neurotípicas. Y estoy de acuerdo en que la integración, como dice Dan, es posible y se puede conseguir de un modo saludable respetando los límites y la identidad neurodivergente.

Asesoramiento de parejas para neurodivergentes

«Me formé en la Asociación para el Aspérger de Nueva Inglaterra —me dice Eva Mendes, terapeuta residente en Massachusetts—. Tras la publicación del DSM-V, le cambiaron el nombre a Asperger/ Autism Network. Estuve formándome allí durante algunos años y luego abrí mis horizontes y regresé a mi ciudad. Esperaba trabajar con la población autista adulta y no encontré a nadie que hiciera este tipo de trabajo».

En la familia de Mendes hay casos de autismo. «Cuando era pequeña, me preguntaba por ciertas cosas que veía en la familia; por eso, cuando fui a la Asociación del Autismo y Neurodiversidad (AANE) me sentí como en casa. El autismo es una diferencia neurológica. No lo veo como una enfermedad, síndrome o trastorno. Cada persona es única, nunca he visto dos iguales. Este trabajo no me aburre jamás y tengo la sensación de que siempre estoy aprendiendo de mis clientes. Siempre he de estar atenta».

Mendes, escritora sobre el género, el autismo y las relaciones, siente que juega con «ventaja» con la población autista debido a su familia. Puede entender a las personas neurodivergentes y a las neurotípicas, lo cual le resulta especialmente útil para las parejas que visita. En su formación se especializó en el asesoramiento para parejas; en principio, no le interesaba tanto trabajar con niños y niñas, así que ha conseguido rellenar un vacío existente en el campo de la neurodiversidad, puesto que los adultos no tienen el trato que se merecen en la psicoterapia.

Le pregunto cómo ayuda a sus pacientes. ¿En qué se diferencia un entorno terapéutico centrado en la neurodiversidad? ¿Qué lo hace distinto de los demás? «Enmarcar la perspectiva de la persona autista», me responde. Me habla de una pareja en la que él es autista y ella no. Él suele enfadarse con ella por lo que considera promesas incumplidas. Mendes se toma su tiempo para plantearle a la pareja una visión más global a fin de que puedan entender mejor lo que está sucediendo. En el caso de esta pareja en particular, la mujer se siente «hambrienta emocionalmente», en palabras de Mendes. Las acciones y conductas se acumulan por ambas partes, lo que les ocasiona mucho sufrimiento, como les sucede a casi todas las parejas, neurodivergentes o no. «Él piensa que tal vez debería buscar otra pareja», dice Mendes, pero ella le contesta que se encontrará con los mismos problemas, puesto que ha visto varias personas que están en la misma situación y que ya van por el cuarto o quinto matrimonio.

La reciprocidad emocional es un reto, como lo es recordar el contexto de ciertas conductas. Yo asiento con la cabeza mientras ella habla, pues todo eso me resulta familiar. Puedo enfurecerme mucho mentalmente por algo que parece un pequeño incidente, pero para mí es una grave injusticia. Me concentro obsesivamente en los pequeños detalles de un hecho y me cuesta mantener la visión global. No tenía ni idea de que había otras personas que también lidiaban con lo mismo. Hablar con Mendes me ayuda a quitarles importancia a algunas de mis creencias.

Mendes se encuentra con este escenario a menudo: una persona o una pareja irán a un terapeuta y este los etiquetará como de «alto mantenimiento»,* especialmente si no se reconoce su autismo. O recibe correos electrónicos de personas que le plantean la posibilidad de que puedan ser autistas (lo cual también lo entiendo, porque esta es *nuestra norma*). Otras entran en su consulta muy entusiasmadas y liberadas, felices de que por fin van a poner nombre a lo que les pasa. La calidad de las relaciones puede mejorar rápidamente. Pero, según Mendes, cuanto más tiempo pase una pareja sin conocer su neurodivergencia, más pesada será su carga y mayor su desconfianza.

Le pregunto a Mendes sobre las mujeres en particular. «Sus casos a veces son más complejos, porque con frecuencia han recibido un mal diagnóstico de trastorno de la personalidad límite u otras

---

* N. de la T.: En psicología, se aplica a personas que son difíciles de contentar y que necesitan validación.

etiquetas». Pero según ella puede que esas etiquetas encajen. «Tal vez haya un diagnóstico doble de autismo y TDAH», por ejemplo.

La depresión y la ansiedad evidentemente se solapan. Mendes siente que la depresión, la ansiedad y el TDAH «se encuentran todos bajo el espectro y los rasgos autistas. Es muy raro encontrar una persona autista que no tenga ansiedad». Ser capaz de tener en cuenta los detalles y de concentrarse profundamente son dones en potencia, dice, pero estas cualidades también pueden inducir al perfeccionismo, que a su vez puede conducir a la depresión. Centrarse siempre en lo que está mal o «desalineado» puede ser una fuente de angustia.

Yo llamo a estos estados «brotes» y me recuerdo que mi cerebro funciona como la lente de una cámara fotográfica: puedo acercar y alejar el objetivo, y cuando lo alejo, suelo sentir un alivio inmediato. Acercarlo es mi estado predeterminado (quizás sea lo que me convierte en una observadora aguda de los demás seres humanos) y utilizo esta habilidad cuando escribo y trabajo. No me es tan útil en mis relaciones, donde me centro demasiado en los pequeños detalles que a mí me parecen increíblemente significativos si no alejo el objetivo.

Mendes me habla de una joven que es tan extraordinariamente elocuente y autoconsciente respecto a su propia psicología que fácilmente podría ser la psicóloga de la consulta. Pero tiene problemas al relacionarse con sus amistades y su familia. Mendes cree que otros terapeutas que se basan en los estereotipos (como la forma en que se visten los autistas) tal vez no reconocerían el autismo de esta mujer. «¡Imagina, hasta va a la moda!», dice, bromeando con estos relatos tan poco útiles.

Pero Mendes cree en sus clientes y en sus experiencias, y esta fe (esta aceptación) tiene un profundo poder sanador. Incluso mientras me dice esto, siento que mi cuerpo se relaja. Creo que las mujeres neurodivergentes sensibles que podemos pasar fácilmente desapercibidas, o enmascarar, a veces somos tan buenas camuflándonos que no nos damos cuenta de lo cansado y agotador que es. Oírla decir «las creo» hace que todo mi cuerpo se sienta en paz, como que no tengo que luchar para que me entiendan y no he de ocultarme para ser aceptada.

«Desde los inicios de la psicología, cuando solo había hombres en el escenario terapéutico, se practicaba la dinámica del experto frente al paciente». Mendes señala la naturaleza jerárquica de los modelos antiguos de psicoterapia, pero ella ve a las personas como sus propias expertas. «Esto se basa en que seamos humanos y tratemos a los demás de la forma que nos gustaría que nos tratasen a *nosotras*».

Respecto al tema del trauma, Mendes reitera que las mujeres autistas en particular pueden ser más susceptibles; a veces puede que se deba a que son más confiadas y les cuesta más detectar los motivos de los demás. El autismo y el trastorno por estrés postraumático pueden coexistir, y esto en ocasiones complica el diagnóstico, pero Mendes considera que son coocurrentes. Cuando trabaja con jóvenes, suele invitar a los padres a que participen en la terapia. «Ellos los han educado», dice, así que quiere tener una visión más global. También habla con todas las personas implicadas, como el psiquiatra o el *coach* de funcionamiento ejecutivo. A veces las personas toman medicación para el TDAH, la depresión o la ansiedad coexistentes, pero reitera la importancia del mero hecho de «escuchar».

Mendes y yo hablamos de los *meltdowns* o «conductas explosivas». «Trabajo con los clientes para reformular lo que les sucede». Les habla sobre los «cocientes de energía», es decir, les pide que piensen en cuántos «puntos de energía» tiene una persona cuando se levanta por la mañana y les pide que se fijen en qué actividades o tareas drenan ese banco energético. Mientras explica esto, empiezo a darme cuenta por mí misma de las cosas sencillas que drenan mi energía cada día y me restan una buena parte de mis puntos. «Entonces, puedes recuperarlos haciendo algo que te gusta», dice.

El problema está en que muchas personas no reconocen los desencadenantes y factores de estrés en el momento en que se producen, así que los van acumulando y pueden llegar a producirles un *meltdown*. Muchos tienen amigos a los que pueden llamar y procesar así sus emociones, pero muchos autistas no llaman a un amigo solo para hablar, me cuenta Mendes. El o la terapeuta tal vez sea la única persona que sabe lo que le está pasando; por ejemplo, incluso un cónyuge neurotípico puede que no sea consciente de los desencadenantes que afectan a su pareja neurodivergente. «Pero el *meltdown* tiene una razón. No viene porque sí».

Mendes integra sus conocimientos de evolución gradual del detonante en sus sesiones de asesoramiento; por ejemplo, siempre tiene la precaución de apagar las luces para que sus clientes estén más cómodos. En el exterior, los anima a que lleven gafas de sol cuando salen a hacer recados y me confirma lo que me han dicho muchos otros terapeutas ocupacionales: hacer ejercicio es crucial. Según ella, ser consciente de con quién pasan el tiempo es importante, tanto como prestar atención a los límites. Algunos de sus clientes autistas tienen la costumbre de tolerar amistades irrespetuosas o que no paran de hablar sobre sus problemas personales o temas negativos, y el cliente autista cree que ha de «aguantar» para ser buen amigo. Mendes les recuerda la importancia de cuidar de sí mismos y de saber proteger sus límites en esas situaciones.

En muchas formas, lo que se pone de manifiesto en casa, en las relaciones y en la vida íntima cotidiana de las personas neurodivergentes de todo el planeta es un indicativo de las muchas maneras en que puede aprender la sociedad de ellas y realizar cambios que beneficien a todos. Mejores diseños, una estética con más sensibilidad, relaciones y familias que celebran la diferencia y terapeutas que no pretenden patologizar cada desviación de la norma: todo esto son grandes ideas. Espero impaciente el día en que lo que actualmente es un mundo sensorial oculto para muchas personas se convierta en la norma para todo el planeta. Lo que se ha etiquetado como enfermedades sensoriales, en realidad encierra la esperanza de sanación para un mundo fracturado y traumatizado que necesita reparación urgente.

Consejos sensoriales para el hogar

Observa si tus elecciones respecto a tu estilo de vida sensorial están en armonía. Aquí tienes algunos consejos:

- Identifica tu paleta de colores ideal. A mí, el salmón, el turquesa, el negro, el blanco y el gris me ayudan a sentirme cómoda, así que prefiero estos colores no solo para mi ropa, sino también en mi trabajo, para mi publicidad de marca, para mi logo y para decorar mi casa. Estos colores no solo me relajan por su tonalidad, sino por la coherencia con la que aparecen en mi vida.
- Incluye la naturaleza en la mezcla. Si no sales a caminar o haces algún otro ejercicio al aire libre con regularidad, empieza ahora. Si no puedes ver árboles desde donde vives, puedes comprar plantas o alguna otra decoración verde para tu hogar, como un papel pintado con una imagen de la naturaleza.
- Sé franca con tu pareja o posible pareja respecto a tus necesidades sensoriales, como tus preferencias en la iluminación,

el sonido del extractor del cuarto de baño o la frecuencia y el volumen de la música en casa. Esto evitará problemas más adelante. La comunicación directa es la clave para que reine la armonía en una relación.

- Siguiendo con el tema, plantéate la iluminación, el color y el barrio que eliges para vivir. Parte de tu felicidad y tu salud mental podría verse gravemente afectada por el lugar donde vives en una calle en concreto: ¿se encuentra en una esquina bulliciosa o está resguardada por un parterre de césped en la puerta y es un lugar tranquilo? ¿Está cerca de una parada de autobús? ¿Son demasiado fuertes las luces de tu garaje? ¿Es la pintura exterior demasiado brillante o no lo suficiente?

- Busca un terapeuta que entienda tus necesidades sensoriales (esto es tanto para terapeutas individuales como para consejeros para parejas). Hay demasiadas personas que sufren demasiado tiempo y soportan conversaciones e interrogatorios interminables e innecesarios que no dan en el clavo. Con este libro como armadura, ya no tienes que esperar a que la comunidad científica internacional actualice sus archivos de investigaciones. Explica tus necesidades sensoriales, observa si tu terapeuta o tu médico las entienden y procede con confianza en ti misma.

Capítulo 7

La vida laboral

*M*uchas de las dificultades a las que nos enfrentamos las personas neurodivergentes tienen que ver con el tema del trabajo (o de ganarse la vida). Pensamos y procesamos de manera diferente; por tanto, también trabajamos de otro modo. Es difícil cronometrar nuestras habilidades con un reloj cuando estamos saturadas o poco motivadas; el aburrimiento y la sobreexcitación son realidades recurrentes. En cuanto a mí misma, por la mañana tengo antojos creativos y, a veces, a última hora de la tarde, pero también he de arreglar a los niños para ir a la escuela por la mañana y asistir a las reuniones cuando toca, todo esto confunde a mi yo sensible. Sin embargo, al mismo tiempo, sin ese sentimiento de estar conectadas al mundo, también corremos el riesgo de aislarnos y volvernos personas solitarias. Encontrar el equilibrio es un reto, y muchas nos hacemos terapeutas, escritoras y emprendedoras para que nos sea más fácil aliviar parte de esa lucha.

El tema del trabajo es delicado para mí. Hacia los veinticinco años, me despidieron de uno de mis primeros trabajos de periodista. El ritmo era tan intenso y agotador que no fui la única que se marchó, pero aun así me dolió. Entonces, trabajé de periodista por cuenta propia, y me funcionó bastante bien, puesto que tenía flexibilidad y libertad para tratar diferentes temas.

Pero cuando intenté ascender, a los treinta y pocos, y terminé en un puesto de redactora jefe (aunque el inicio fue muy disfuncional) las cosas se vinieron abajo. Estaba tan abrumada y mi mente tan poco clara que no se parecía a nada que hubiera experimentado antes, y a los seis meses volví a ser despedida. Un año más tarde, acepté un trabajo mal pagado en una organización de orientación artística (con la esperanza de que fuera el lugar donde encontraría a «mi gente»), pero, por el contrario, me cargaron de tareas administrativas. De nuevo, al mes volví a estar en la calle. La parte más difícil de todas estas pruebas con los distintos trabajos fue los abrumadores sentimientos de pérdida, confusión, soledad e inutilidad que experimentaba. El lenguaje de la neurodiversidad era totalmente ajeno para mí, y tampoco conocía a nadie en aquellos momentos que supiera del tema. Me sentía juzgada, criticada e infravalorada por mis compañeros de trabajo y por la sociedad en general.

Cuando llegué a un estado de confusión delirante y de soledad respecto a qué demonios pasaba conmigo, por fin empecé a abrirme a los demás. Comencé por mi familia más allegada: les hablé sobre los informes de prensa de mujeres (que se parecían a mí) que tenían diferencias de procesamiento sensorial. Motivada por lo que estaba leyendo, creé una página de eventos en Facebook para invitar a la gente a que se reuniera allí y hablara de la neurodiversidad. Organicé el primer encuentro del Proyecto para la Neurodiversidad en un pequeño estudio de Berkeley, que se llenó de gente que deseaba hablar francamente sobre las peculiaridades de nuestro funcionamiento mental. Líderes empresariales y académicos se abrieron junto con artistas, cantantes y activistas. Noté una sensación electrizante en mi interior que hacía años que no sentía, y en cada encuentro, se volvía más intensa, y así fue como al final, por fin, mi estilo de trabajo neurodivergente como escritora y emprendedora fluía con algo que las personas querían y necesitaban, y donde yo podía desarrollarme en un proyecto profesional.

Abrir la conversación

En mi artículo de opinión, de 2017, para la revista *Fast Company*, «Qué es la neurodiversidad y por qué las empresas deberían abrirse a ella», expuse sugerencias para que los centros de trabajo fueran más aptos para la neurodiversidad. Ese artículo conllevó docenas de preguntas, *tweets* y correos electrónicos, sobre todo de mujeres. Aproximadamente, al mismo tiempo, *Harvard Business Review*, *Forbes* y otras publicaciones estaban empezando a darse cuenta de que tenían que actualizarse con estos temas. Mi artículo giraba en torno a una mujer llamada Margaux Joffe, en aquel tiempo, jefa de producción del Departamento de Marketing Global de Yahoo, que diseñó el primer grupo de recursos para la neurodiversidad para apoyar a los empleados de la empresa. Joffe tiene TDAH y anteriormente ya había fundado la Sociedad Kaleidoscope, una plataforma para mujeres con TDAH, donde artistas, científicas, directoras de recursos humanos, diseñadoras y otras mujeres procedentes de toda una gama de carreras profesionales podían compartir y celebrar sus éxitos en la vida.

«Mi consejo para las empleadas neurodivergentes es que aprendan todo lo posible sobre cómo funciona su mente para diseñar su vida cotidiana conforme a ella y ser capaces de comunicar con eficacia sus necesidades, tanto en casa como en su trabajo. He vivido veintinueve años con TDAH sin diagnosticar, y el mero hecho de conocer el diagnóstico me ha ayudado mucho en mi carrera. Saber que mi mente no funciona como la de la mayoría de las personas me ha ayudado a dejar ir mis antiguos conceptos respecto a cómo debía hacer las cosas y a aceptarme tal como soy», dice.

Joffe explica que lo que suele pasar en las empresas es que no saben cómo abordar temas como la neurodivergencia. El creciente «movimiento de la neurodiversidad» se centra en la *diversidad de la mente*, como los activistas de las décadas de 1960 y 1970 lucharon por la igualdad racial y los derechos de los homosexuales, y está impulsando una mayor concienciación sobre este tema, que seguramente servirá para ejercer mucha más presión en las empresas para que entiendan la neurodiversidad, creen directrices y respeten a los neurodivergentes, en especial a las mujeres y a las personas de color «que sienten que han de esforzarse más para superar un prejuicio inconsciente», señala.

Joffe tardó un año en «salir del armario» y decirle a su jefe que tenía TDAH, porque «quería ser capaz de demostrarme a mí misma que me había liberado de cualquier prejuicio adicional». Pero una vez que lo hubo hecho, y le dijo que quería crear el grupo de recursos para la neurodiversidad, «él lo apoyó sin reservas». «Muchas veces, lo único que nos echa atrás es pensar que hemos de trabajar como los demás. Reafírmate en tus puntos fuertes y no tengas miedo. Este consejo vale para todos».

En mi caso, como mujer neurodivergente sensible, mis principales preocupaciones son las normas sociales respecto a la extroversión extrema, las expectativas de productividad a alta velocidad, el exceso de estímulos y el énfasis exagerado en un funcionamiento ejecutivo estilo fábrica. Mi entorno ideal es un lugar tranquilo, con mucha luz natural, rodeado de verde y donde sea fácil comunicarse con los compañeros cuando sea necesario. Valoro tener un mentor y aprendo bien cuando trato directamente con alguien. Cuando puedo ser yo misma suelo tener momentos de inspiración; si estoy hablando, necesito hacer una pausa para anotar la idea que se me acaba de ocurrir, enviar un correo o llamar a alguien espontáneamente, me tomo un pequeño descanso cuando he recibido demasiados estímulos, o trabajo desde casa cuando tengo dolor de cabeza. Susan Cain ha dado a conocer parte de este lenguaje y ha conseguido que sea más aceptado a través de su sitio web Quiet Revolution ('revolución silenciosa') y de sus programas Quiet Workplaces ('lugares de trabajo silenciosos') y Quiet Schools ('escuelas silenciosas'). En el centro de distribución más productivo de Walmart, la mayoría de los empleados son neurodivergentes. SAP cuenta con un programa de Autismo en el Trabajo y ahora Microsoft organiza actos anualmente. Las cosas están empezando a cambiar, pero todavía hace falta más.[1]

El trabajo y los derechos temperamentales

Nuestra constitución interna importa. *Y mucho.* La forma en que paso los días pensando, reflexionando y respondiendo al mundo se correlaciona con mi salud mental, la de mi familia y la salud general de mi lugar de trabajo. Todos nos creamos nuestra propia realidad que, en gran medida, nos viene dada por nuestras percepciones internas y el modo en que estas son interpretadas por las personas que están en el poder. A Elaine Aron le gusta sacar a relucir el hecho de que si las personas sensibles somos educadas en un entorno amable, nuestros talentos exclusivos suelen florecer; pero si crecemos en entornos negativos, solemos sufrir de depresión y ansiedad. De ahí que la interacción entre el interior y el exterior sea importante, y en muchos aspectos, es la clave para nuestra salud general y nuestro bienestar, como individuos y como comunidad.

La idea de «derechos temperamentales» introduce el concepto de que hemos de considerar nuestra constitución interna en todas las esferas de la vida: el trabajo, la familia, la escuela, la educación, el deporte, la religión y otros. La constitución individual única de cada persona se merece su propia expresión, respeto y lugar correspondiente. Esto no implica que todo el mundo consiga siempre lo que quiera. Pero sí significa, por ejemplo, que cuando alguien empieza en un puesto de trabajo nuevo, en su ficha personal debería constar que ese empleado se identifica como neurodivergente, y si ese es el caso, cuál es su neurodivergencia, así como sus preferencias y necesidades para el lugar de trabajo. Se ha de reconocer las sensibilidades particulares de esa persona. Entonces, sabrá que se tiene en cuenta su realidad interior y podrá recurrir al lenguaje de los derechos temperamentales y de la neurodiversidad para resolver cualquier problema y defenderse.

Cuando volví a contactar con Joffe, unos meses después de nuestra primera entrevista, Yahoo estaba en medio de su fusión con AOL, después de que ambas compañías hubieran sido adquiridas por Verizon. Fue una etapa difícil y, en muchos aspectos, traumática. Estaban despidiendo a la gente y el cambio era la regla: desde la estructura directiva hasta el diseño del espacio para las oficinas. Fue un momento importante para hablar de neurodiversidad en la empresa, puesto que los cambios inesperados suelen propiciar nuevas formas de dirección y funcionamiento, y el equipo de Joffe tenía varias razones para defender la inclusión de trabajadores neurodivergentes. «Hemos planteado algunas preguntas y preocupaciones a la dirección, desde traslados de oficinas y de distribución hasta alojamientos». Su grupo hacía sugerencias al equipo encargado de los temas inmobiliarios y del lugar de trabajo, como designar espacios tranquilos, trabajar con personas que necesitan alojamiento y poner a disposición de los empleados auriculares con cancelación de ruido.

«Siento que esto es solo el comienzo de una nueva etapa en la que veremos que la salud mental y la neurodiversidad se van a tener en cuenta en las empresas, porque hasta ahora los lugares de trabajo no siempre han sido los mejores sitios para las personas que no son como el resto, por así decirlo, pero creo que las cosas están empezando a cambiar. Cuando lanzamos el grupo de recursos se abrió la caja de Pandora y la gente tuvo el valor de mostrarse tal como era y compartir su historia. Era evidente que las personas lidiaban con ciertas cosas ellas solas y no las compartían». La creación del grupo de recursos para la neurodiversidad fue un gran movimiento en el que Joffe demostró su audacia y su vulnerabilidad a la vez. Necesitó valor para dejar de esconderse, y en última instancia, ese valor la llevó a un escenario para compartir su historia delante de ochocientas cincuenta personas.

De hecho, compartir tu historia suele ser el primer paso para que se produzcan cambios en una empresa. Después de que Joffe formara su GRE y empezara a hablar abiertamente sobre los talentos y las dificultades de la neurodivergencia, docenas de empleados hicieron lo mismo. «Solo en nuestro departamento, gracias a haber creado este grupo, descubrí que algunos de mis compañeros también eran neurodivergentes ¡y jamás lo hubiera dicho! Nunca me hubiera enterado de lo que les estaba pasando. Ha tenido tanto éxito porque algunos de los ejecutivos veteranos también se han atrevido a decir que tienen TDAH. No sé si hay alguna otra empresa que tenga un grupo de recursos para la neurodiversidad. Sé que hay grupos de trabajo para autistas, pero no estoy segura de si también abarcan la neurodiversidad. Es una frontera abierta, todavía queda mucho por aprender y mucho por hacer».

Aceptar la neurodiversidad en el trabajo da pie a que se produzca un cambio en el relato, porque es posible que los compañeros se sorprendan al descubrir la incoherencia entre *la forma en que ellos piensan que se manifiesta una neurodivergencia y cómo se manifiesta en realidad en una persona.* Es esencial que todas las empresas (compañías, organizaciones, entidades no lucrativas, oficinas administrativas...) abran su propia «caja de Pandora» para que puedan emerger los tesoros y talentos enterrados que poseen las personas neurodivergentes y ayudar a equipos enteros. Los ejecutivos veteranos, gerentes, jefes, miembros de juntas y otros tienen un papel muy importante en la creación de culturas y espacios de trabajo que incluyan el lenguaje de la neurodiversidad. Esto puede tener un profundo efecto dominó en las empresas y en la sociedad. La oportunidad de transformar las normas sociales es real... *y tangible.*

Adobe: una lección en diseño sensorial

Silka Miesnieks es otra gran estrella del submundo neurodivergente de la tecnología y el diseño de Silicon Valley. La conocí cuando dio una conferencia sobre diseño en el espacio de innovación japonés Digital Garage de San Francisco. La conferencia trataba sobre la inteligencia artificial y su intersección con el diseño, la empatía, las emociones y el impacto en el ser humano, y para mi sorpresa y agrado, casi al comienzo de su charla compartió que era disléxica; también habló sobre los sentidos de propiocepción e interocepción y cómo se relacionan con el diseño. Me considero muy afortunada de haber ido a esa conferencia aquel día, haber conocido ese espacio tecnológico del centro de San Francisco y haber encontrado a alguien tan afín a los intereses que me mueven en mi investigación.

Ahora, Miesnieks es la responsable de Emerging Design en Adobe. «Hace un par de años, nos diagnosticaron TDAH a mi hijo y a mí —me dice por teléfono, unos días después de la conferencia—. Al principio, pensamos que era disléxico, pero resultó tener TDAH. Y con frecuencia, ambos van a la par. Ha sido toda una prueba haber pasado la mayor parte de mi vida sin saber que tenía TDAH y sin que nadie me ayudara con mi dislexia porque no estaba lo "suficientemente mal"».

Miesnieks se dio cuenta bastante pronto de que tenía talento para la creación espacial y desde muy joven empezó a hacer creaciones en 3D. «He terminado dedicándome al arte porque era la mejor forma de comunicarme, a través de las imágenes visuales».

Sus estudios de arte la condujeron a la tecnología, a la animación y a graduarse en Diseño Industrial. «Todo lo que hago gira en torno a estas conexiones entre cómo nos sentimos y los espacios en los que vivimos. Y me siento muy conectada con eso». En el pasado dirigió la creación de nuevas empresas, así como equipos en grandes empresas. Siempre ha sido más una líder que una seguidora, y se lo atribuye al TDAH.

Le pregunto sobre cómo pasó de identificar sus propias inclinaciones neurodivergentes (ver las cosas y pensar sobre el diseño de forma diferente) a la acción. ¿Cómo se pasa de la identificación al procesado y a los resultados? En primer lugar, dice: «Creo que haber sido empresaria, haber tenido que aceptar que no me sentía a gusto y tener siempre una curiosidad insaciable me ha ayudado a superar el temor al fracaso; simplemente, me viene una idea y la llevo a término». Luego, para llegar a lo que ella y muchas otras expertas de este campo llaman «diseño sensorial», empezó comentando algunas ideas con una amiga diseñadora y luego preguntó a expertos en varias disciplinas sobre su nueva orientación laboral. «Siempre pongo a prueba mis suposiciones. No creo que tenga todo el conocimiento y la experiencia que necesito». Así que se puso en contacto con algunos líderes de la industria y «todos me dijeron que era algo que se tenía que hacer».

La psicología se ha centrado en la mente, pero ahora hay nuevas formas de contemplar el cuerpo, el movimiento y los estilos kinésicos de aprendizaje, así que está viendo el cambio. «Es una época bonita, en la que la tecnología puede reflejar el estado de ánimo de la sociedad. Pensar en la persona de un modo integral ha sido nuestro gran cambio cultural. Y la forma en que a mi hijo y a mí nos gusta aprender (y las investigaciones adicionales que he hecho) me han servido para darme cuenta de que no somos casos raros. Incluso cosas como la tecnología de voz a texto no son solo para disléxicos».

Miesnieks ha podido desarrollar sus aptitudes e inclinaciones, convertirse en emprendedora y, ahora, también canalizar su conocimiento y su estilo a través del entorno de una gran empresa. «Para mí ha sido algo muy importante. Mi primera reacción cuando me enteré del TDAH fue enfadarme. "¿Por qué no me lo diagnosticaron en la universidad? Eso me habría ayudado. Podría haber avanzado mucho más en mi carrera. No me habría costado tanto", me decía. Después superé eso y empecé a ver los beneficios. *Nunca había sido capaz de reconocerlos antes, porque no sabía que era diferente. Pensaba que tenía que intentar ser normal.* No me había dado cuenta de que tenía una habilidad única para conectar muchas ideas abstractas distintas, llegar a soluciones concretas, combinar muchos pensamientos y conceptos diferentes, ser capaz de verlos en su conjunto desde ángulos diferentes y conectarlos».

Miesnieks también nos habla de la importancia de aquellos que nos rodean. Por ejemplo, su primer jefe en Adobe era una persona que la motivó mucho. «Reconoció que yo hacía cosas que nadie más podía hacer». Rei Inamoto, un ejecutivo de publicidad e innovación, anfitrión del congreso de inteligencia de diseño aquel día, me dijo algo parecido cuando hablamos algunos días más tarde. Al ver la elevada proporción de emprendedores con TDAH que había en Silicon Valley, me incitó a pensar en el ecosistema que rodea a esas personas que triunfan en ese entorno.

La segunda jefa de Miesnieks es la responsable de todo Adobe Design. «Lo único que hace es animarme a que sea yo misma, y eso es todo lo que necesito. Solo confianza —dice Miesnieks—. Y ella ha de confiar lo suficiente en sí misma para ser capaz de hacer esto, y gracias a Dios que lo hace, que es capaz de decir: "Confío en ti". Y he crecido gracias a eso, y se me concede libertad. Es muy poco habitual, muy excepcional».

Le pregunto si está empezando a ver más conversaciones respecto a la aceptación de las diferencias mentales en el trabajo, especialmente en Silicon Valley o en el ecosistema del diseño global y de las nuevas iniciativas tecnológicas. «Sigo creyendo que el TDAH tiene mala reputación. Tengo mis dudas cuando hablo de ello. Ahora me atrevo a decir que soy disléxica sin sentirme mal; siento que el estigma ha desaparecido. Pero el estigma con el TDAH sigue presente. No es tan conocido, y como yo lo padezco me doy cuenta de lo diferente que es para las personas diferentes». Reitera que prevalece el estereotipo desfasado de que este trastorno significa ser hiperactiva y estar siempre dando tumbos de un sitio a otro. «Eso ha de cambiar —me dice—. Lo que me gustaría es que el TDAH se asociara a cosas positivas y a habilidades que se valoren en la empresa y en la comunidad en general». En Adobe, ha conocido a compañeros que también lo tienen, y comparan sus notas y hablan abiertamente entre ellos. «Creo que cuando se puede hablar abiertamente y existe un grupo de ayuda mutua, te das cuenta de la increíble cantidad de personas que tienen TDAH».

Cuando le pregunto sobre las mujeres en particular, Miesnieks dice que ve un valor inmenso en que las mujeres con TDAH puedan hablar del tema entre ellas y estar conectadas. Está integrada en varios grupos de mujeres y dice que el TDAH es uno de los principales estigmas a los que se enfrentan en el trabajo. «Las mujeres saben apoyarse mutuamente». Cuando habla de este trastorno en algún círculo de mujeres, siente un inmenso alivio y descubre que todas tienen alguna historia relacionada con algún tipo de diferencia mental.

Para concluir añade: «Estoy agradecida por tener TDAH. Me ha dado muchas habilidades creativas. Quiero extender esto también a otras mujeres».

Llevar la máscara en el entorno laboral: todo empieza en la entrevista de trabajo

La fricción entre nuestras expectativas neurotípicas actuales en el puesto de trabajo y la realidad de la neurodiversidad humana se manifiesta temprano: en el proceso de la entrevista de trabajo. Antes, cuando tenía que enfrentarme a un escenario formal como el de una entrevista de trabajo, inconscientemente, adoptaba mi faceta de enmascarar: hablaba y gesticulaba de formas que, ahora que reflexiono sobre ello, no me ayudaban a sentirme bien o natural. Al igual que muchas personas que quieren causar buena impresión, me presentaba de la forma en que se esperaba que lo hiciera, pero me sentía exhausta y derrotada en cuanto llegaba a casa. Básicamente, me estaba poniendo una máscara neurotípica, pero no me daba cuenta, y esto no es sostenible ni para las personas que solicitan el puesto ni para el jefe o la empresa.

En mi caso, tenía que dividirme entre lo que percibía en la superficie de una conversación laboral y lo que mi cuerpo y mi mente captaban bajo esa superficie. Veamos una entrevista de trabajo típica.

GREG (POSIBLE FUTURO JEFE DE JENARA): ¿Cómo fue vivir en Nepal?

PENSAMIENTOS DE JENARA: ¿Me está preguntando si soy de confianza porque he viajado mucho? ¿Está intentando averiguar si volveré a las andadas con lo de vivir en otros países? Me fijo en que está perdiendo pelo, en sus ojos hinchados y en su anillo de boda: ¿estará bien en su casa y con su familia? Me da pena. ¿Qué le pasará? ¿Cómo serían sus padres?

RESPUESTA DE JENARA: ¡Fue extraordinario!

GREG: ¿Cómo te planteas los conflictos interpersonales en el trabajo?

PENSAMIENTOS DE JENARA: ¡Oh, Dios!, ¿quiere conocer toda la historia? ¿Mi versión extensa basándome en las últimas investigaciones y escritos, y mis pensamientos totalmente alternativos y nada convencionales sobre las empresas modernas? ¿Será demasiada información? Espera, soy inteligente: ¿he de compartir todo eso? Pero espera, ¿quizás parecerá que no puedo seguir las normas neurotípicas y que soy algo rebelde e incapaz de cumplir con lo que se me pide?

RESPUESTA DE JENARA: Creo firmemente en la comunicación abierta, en ser clara desde el primer momento y en tener un diálogo cuando las cosas no salen como se espera.

¿Te suena? Como personas neurodivergentes, casi siempre estamos viviendo dos realidades simultáneamente, porque captamos muchos estímulos externos y tenemos la desafortunada experiencia recurrente de que nuestros modos de interacción sean evitados y rechazados.

La salud mental en el trabajo: dirigir la conversación

Me gustaría ver emprendedores, diseñadores, ejecutivos de los medios, investigadores y legisladores implicando más a su yo completo en el mundo, y me gustaría que el resto de nosotros celebrara más esos yoes. También es importante que los periodistas, los organizadores de congresos y los departamentos universitarios cubrieran relatos sobre personas neurodivergentes e invitaran a esas personas a subir al estrado.

Leigh Stringer, por ejemplo, es escritora, diseñadora y organizadora de congresos, y está desvelando cómo afecta el diseño de oficinas a nuestro bienestar. Se ha concentrado en el impacto que tiene la luz artificial sobre el estado de ánimo y el sueño, así como la forma en que la naturaleza y la biodiversidad reducen la ansiedad y la depresión. Por ejemplo, las «paredes verdes vivas» cubiertas por una variedad de plantas evocan respuestas psicológicas positivas, y se ha descubierto que escuchar el canto de varios pájaros es más relajante que escuchar el de solo uno. Stringer también dice que hay una nueva área de investigación que «está relacionada con la forma en que elegimos cómo, cuándo y dónde trabaja la gente. La elección y la autonomía pueden llegar muy lejos en la mejora de la salud y del rendimiento». Ha colaborado con la Facultad de Salud Pública de la Universidad de Harvard y con otras organizaciones sobre nuevas áreas de investigación en la intersección del mundo laboral, el diseño y el bienestar, con aplicaciones que no solo pueden beneficiar a los neurodivergentes, sino también ayudarles a determinar cómo pueden recibir más estímulos.

En el Reino Unido, Barbara Harvey, de Accenture, ha encabezado un movimiento donde se examina más a fondo la salud mental en el trabajo y cómo las instalaciones de las compañías pueden ayudar a los empleados y eliminar el estigma social. «En los últimos cinco años, se ha incrementado mucho el debate público sobre salud mental», me escribe. Su equipo hizo una serie de encuestas que revelaron que la mayor cobertura por parte de los medios y la campaña de concienciación encabezada por la familia real y sus socios han servido para que los británicos se sientan más libres que hace unos años para hablar de su salud mental. «El hecho de que la gente sienta que puede hablar más abiertamente, junto con una mejor comprensión sobre cómo afecta la salud mental a la vida de las personas, ha creado una fuerza que exige al Estado y a las empresas que se concentren en las soluciones y en los planteamientos». Le pregunto cómo se está produciendo ese cambio y cómo empieza a desaparecer el estigma: «Iniciando una conversación. Cuando los líderes y los compañeros de trabajo hablen abiertamente sobre el tema, ayudarán a conseguir que sea seguro para el resto hacer lo mismo». Los príncipes William y Harry, en particular, han hablado abiertamente de sus momentos difíciles, sobre cómo buscaron ayuda y de que hablar con sus compañeros les ayudó a sentirse menos solos y a estar más conectados.

Harvey dice que los programas necesitan tres elementos: aceptación y apoyo por parte del equipo de liderazgo, disponibilidad de recursos para solventar las necesidades de los empleados y fomento de la concienciación mediante conversaciones diarias sobre salud mental. En Inglaterra, el quince por ciento de los empleados de Accenture, unos mil ochocientos, ha sido formado como «aliado de la salud mental»,[2] es decir, «compañeros a los que otros empleados se pueden dirigir con la garantía de que su conversación será confidencial». La meta de Accenture es conseguir que el veinte por ciento de sus empleados tenga formación como aliado y que el ochenta por ciento tenga una formación básica en concienciación de la salud mental.

«Durante mucho tiempo la salud mental laboral ha sido un tema para minorías —escribe Harvey—. Muchas empresas se han planteado este tema de una manera reactiva, como respuesta al problema de alguien en particular». Pero replantear el tema de la salud mental como cosa de todos y reconocer que puede fluctuar de una persona a otra podría ayudar a normalizar la conversación, y en última instancia, lo que Harvey desea es que las empresas sean más proactivas. Ella tiene puesta su fe en los *millennials* como grupo demográfico que da prioridad a la salud mental.

El camino del escritor

«Tengo treinta y seis años y llevo media vida trabajando como escritora autónoma. Mis abuelos viven en el centro de Toronto, y yo soy un ser muy autista en mis hábitos, así que regresé para vivir aquí», me dice la escritora Sarah Kurchak por teléfono. Nos conocimos por X: ella había escrito un artículo tierno y poderoso sobre su relación con su madre y el tipo de ayuda incondicional que recibió durante su infancia.[3] Cuando hablamos, Kurchak acababa de regresar de su aventura anual de informar sobre el Festival de Cine Internacional de Toronto (FCIT). «Tengo áreas de interés intensas y peculiares que me resultan muy gratificantes —me cuenta refiriéndose a su carrera como crítica musical—. Sabía que jamás podría trabajar en lo que me gustaba si tenía que devolver préstamos universitarios, así que hice una apuesta inocente para entrar como estudiante en prácticas en cadenas de televisión y revistas, y ofrecía mi trabajo a cambio de formación. Terminé trabajando para una revista musical. No tengo estudios oficiales, pero he aprendido muchas habilidades». Su historia se parece a la de otras personas que se identifican como neurodivergentes por su alta capacidad para concentrarse y su insistencia en aprender de un modo distinto a los neurotípicos. «He sido periodista por accidente. Últimamente, me he pasado a los ensayos y las críticas personales, porque creo que son mi fuerte».

Respecto a su experiencia en el FCIT, me explica que desenvolverse por el mundo del cine tiene grandes ventajas y que es compatible con su constitución neurológica. «En cierto modo, la industria del cine está tan descaradamente enfocada en llegar al estrellato que las motivaciones de los artistas en las conversaciones sociales son muy evidentes y fáciles de captar para una persona autista. Y me resulta más cómodo, porque sabes lo que todo el mundo espera de ti. Y también lo sabes cuando ya no lo necesitan. Es un alivio. Todos los demás están atrapados en el "¡oh, esto es muy falso!". Pero muchas interacciones sociales lo son. Es un tipo de sinceridad peculiar y puedo manejarla». Sé a qué se refiere. Cuando voy a congresos y todos compiten en *networking*,* sé que es un *deporte*, y me da mucha fuerza.

Pero hay otros componentes que Kurchak no puede manejar: «Las aglomeraciones cada vez me afectan más. Creo que el año pasado fue el primero que casi pierdo el control en una cola para conseguir un *dossier* de prensa». También me dice que le molestan las luces y los ruidos fuertes, con pantallas a mucho volumen. «Empiezo a sentirme un poco aislada por todas las camarillas que se forman. Me siento un poco perdida cuando veo que todo el mundo busca contactos e intenta ampliar sus relaciones profesionales, mientras yo estoy sola». Le gustaría que todas las personas neurodivergentes se reunieran en un festival con el fin de hablar sobre cómo afrontar la sobrecarga sensorial.

Kurchak tenía veintisiete cuando le dieron un diagnóstico. «Siempre supimos que yo era diferente, pero no sabía cómo llamarlo. No recuerdo cuándo oí la palabra *autista* por primera vez. Los médicos analizaban mi forma de caminar, me sentía rara, pero a veces demasiado inteligente. Mis padres eran prácticos y hacían cualquier cosa que les parecía que me iba a ayudar como persona. Todo lo que he hecho se lo debo a ellos. Tuve la suerte de ser su hija».

A los veintipocos empezó a oír hablar del aspérger, y cuando leyó la lista de «síntomas» todo parecía describirla a ella. Buscó algún lugar para hacerse pruebas, pero no había nada para personas mayores de dieciocho. Tenía la impresión de que el sistema sanitario canadiense no podía ayudarla y ella no se podía costear las pruebas. Durante un tiempo aceptó este hecho y siguió con su vida. Pero cuando tuvo un estallido por algo relativamente sin importancia, su madre la instó a que se hiciera las pruebas. Le dijo: «Sé que es algo que no podemos permitirnos, pero necesitas saberlo

---

* N. de la T.: Técnica destinada a la adquisición de contactos profesionales.

porque no vas a poder atar cabos si no tienes una base para entender lo que te está pasando».

Al cabo de toda una vida de saber que le «pasaba algo», Kurchak y su madre por fin pudieron entender todos los detalles durante el proceso de diagnóstico. Para ella ese diagnóstico fue importante porque quería cambiar sus sentimientos respecto a su infancia, es decir, quería sentirse orgullosa en vez de culpabilizarse por sus fracasos. El diagnóstico le ayudó a entender por qué se sentía diferente, tanto en su niñez como de adulta en su entorno laboral.

«Todavía no me siento adulta», dice sobre su vida como escritora autónoma en Toronto, donde vive con su esposo en un pequeño apartamento. Pero ha encontrado su sentido de pertenencia a una comunidad con otros críticos musicales. «Esa gente es mucho más rara que yo, así que puedo pasar totalmente desapercibida».

Mujer en llamas

Conocí a Lucy Pearce, irlandesa y autora de *Burning Woman* [Mujer en llamas] (2016), por Facebook después de leer su libro. Al final, le diagnosticaron aspérger, y con el tiempo, se atrevió a *salir del armario*. «Siempre supe que no encajaba», me dice en uno de sus correos electrónicos.

> En realidad, nunca había llegado a integrarme, a pesar de mis esfuerzos por intentar ser «normal». Aunque la «normalidad» era mi meta, me parecía que nunca conseguía pasar desapercibida, y eso me robaba toda mi energía, pero me despertaba muy poco interés. Quería encajar en la sociedad para sentirme a salvo, nada más. Siempre he disfrutado realmente siendo yo misma: leyendo, pensando, dibujando, escribiendo. Conecto profundamente con unas pocas personas especiales, pero socializar no es mi fuerte.

[...] Ahora, me identifico con mi «anormalidad» a través de mis escritos en la primera etapa de mi carrera, especialmente en mi libro *Moods of Motherhood* [Estados de ánimo de la maternidad]. Pero no sabía qué nombre darle. Mi madre descubrió el trabajo de Elaine Aron cuando yo todavía era adolescente, así que supe lo que era ser PAS antes de tener a mis hijos. Sabía que este término era lo que más se acercaba a mis peculiaridades y lo utilicé en mi libro *The Rainbow Way* [El camino del arcoíris] para describir mi reticencia a entregarme a la maternidad, por una parte, y mi arraigada necesidad de crear, por la otra. *PAS* es un término que creo que ha unido a muchas neurodivergentes antes de que se empezara a ser consciente de que las mujeres también tienen aspérger. Esta alta sensibilidad ha influido en todos los aspectos de mi vida. Pero yo era una buena chica porque tenía tanto miedo de provocar conflictos o molestias que no pudiera manejar que siempre era la primera de mi clase, de modo que nunca hice nada que pudiera alertar a mis profesores o médicos. Me las arreglé para mantener en privado y bien escondida mi lucha interior, solo me relacionaba con el mundo exterior cuando podía, era la reina de la apariencia. O al menos lo era hasta que intenté lidiar con ser madre de tres hijos y tener una profesión creativa.

Los escritos y el arte de Pearce son poéticos y místicos, impregnados de temas del espíritu, de opresión y de liberación. Su obra es una llamada a la unión de las mujeres, a que reconozcan sus anhelos, sensibilidades, naturalezas artísticas y otras cualidades. Su trabajo me pareció especialmente apasionante y útil al principio de mi despertar como neurodivergente, aunque ella no utilizara esta terminología y ni siquiera fuera consciente de su propia neurodivergencia o del movimiento de la neurodiversidad. Sabía que era sensible y también consideraba que lo eran sus tres hijos.

Pero la sensibilidad y las luchas con una de nuestras hijas eran mucho más de lo que mi esposo o yo podíamos gestionar. Es extremadamente inteligente, logra todas sus metas, de modo que los médicos y la escuela lo atribuyen a la timidez y a nuestra falta de firmeza como padres. Pero yo sabía que había algo más. Entonces, empecé a investigar, a buscar respuestas. Había leído mucho por ella (¡por *aspie* [aspérger] santo!), pero no me lo había planteado para mí. Al fin y al cabo, había ido a la universidad, estaba casada y tenía hijos, era una escritora reconocida [...] y tenía treinta y cinco años. No cabe duda de que algo así me lo habrían detectado años atrás. Yo, como mucha gente, solo tenía imágenes de *Rain Man* [la película en que Dustin Hoffman interpreta a un sabio autista] [...] como punto de referencia de lo que era el autismo. Pero entonces dos escritores y emprendedores (de mi campo) desvelaron que eran *aspies*. Me identifiqué mucho con ellos, con su trabajo [...] y su lucha. Si ellos eran *aspies* y también podían funcionar visiblemente la mayor parte del tiempo [...] tal vez yo también lo fuera.

Pearce, en gran parte, como Sarah Kurchak, tuvo que costearse las pruebas para ella y para su hija, pues los servicios públicos no las cubrían. «La claridad y la certeza que [el diagnóstico] me ha aportado han sido inmensas. ¡Qué alivio! Sé que ya no tengo que fingir ser normal y que no voy a fracasar en el intento. Que soy libre para vivir la vida a mi manera. Que no soy un fracaso. No me imagino cosas. Por fin, después de treinta y ocho años, me siento bien conmigo misma. Pero todavía me estoy adaptando y estoy procesando todo mi pasado bajo este nuevo prisma, y eso lleva tiempo. Las piezas del rompecabezas de mi persona han encontrado su lugar y tengo permiso para ser yo misma a mi manera. Esto me ha ayudado mucho a muchos niveles: a encontrar la medicación correcta, un terapeuta maravilloso y un grupo de apoyo mutuo entre iguales, y a ser capaz de explicar mis dificultades a los demás».

Pearce también publicó *Medicine Woman: Reclaiming the Soul of Healing* [Mujer medicina: reclama el alma de la sanación] (2018), donde describe parte de su viaje. En él presta atención especial a las enfermedades físicas, como la fibromialgia y el síndrome de fatiga crónica, que a veces acompañan a las sensibilidades y a las neurodivergencias, y que muchas veces son desestimadas por el sistema sanitario por considerarlas enfermedades de género. También es la fundadora de la editorial Womancraft Publishing House, a través de la cual ayuda a otras mujeres a compartir sus talentos mediante el arte y la escritura.

Mi «ajeneidad» es una ventaja; neurológicamente, estoy viendo nuestra cultura desde la perspectiva de una persona ajena, a la vez que soy consciente de ella desde dentro como humana, de modo que soy capaz de expresar esta perspectiva única. Una vez me acusaron de ser como Diane Fossey observando gorilas, por la forma en que observaba la dinámica del grupo antes de sentirme segura para compartir. Esto se me dijo de una manera cruel y acusadora, pero era cierto. Estudio constantemente a los humanos y su cultura. Soy una observadora reflexiva y desapegada. Veo el daño que nos hace esta cultura a muchas personas que no encajamos en el sueño capitalista americano de los blancos de clase media, veo el daño que hace a nuestro ecosistema global. Y por eso mi utópico, buscador de patrones, amante de los sistemas, científico-filósofo, artista soñador yo anhela ayudar a los demás a encontrar otras formas de vivir más saludables, amables, ricas y estimulantes, alternativas educativas y creativas a esta cultura insípida, gris, ruidosa y violenta. Esta es la pasión que alimenta mi vida y mi trabajo, y gracias a Internet puedo conectar con muchos soñadores fantásticos, apasionantes y creativos de todo el mundo que están haciendo lo mismo.

Concluye con esta reflexión: «Una mujer de uno de los grupos de autismo a los que pertenezco dijo últimamente que el autismo no es un trastorno, sino una comunidad. Eso me gusta y cada día vivo más esta verdad».

Sobre la sensibilidad en el trabajo

Para atar algunos de estos temas, quiero compartir lo que me dijo Margaux Joffe. Desde entonces, se ha convertido en la directora asociada de Accesibilidad e Inclusión en Verizon Media:

> Creo que como personas neurodivergentes tenemos niveles más altos de empatía, aunque técnicamente se conoce como «disregulación emocional». No implica necesariamente que sintamos más que las personas neurotípicas, sino que nuestros mecanismos automáticos para regular nuestras emociones no funcionan de la misma manera, y por eso, experimentamos subidones y bajones más exagerados. No es que los neurotípicos no tengan capacidad de sentir, sino que están más regulados y no experimentan los mismos grados de intensidad. Creo que al ser personas empáticas, nos damos cuenta de cosas tácitas y captamos las energías de los que nos rodean. Los neurodivergentes somos estupendos para ayudar a captar el ambiente de trabajo en una empresa, porque probablemente lo estemos percibiendo todo. No tenemos tantos filtros, decimos lo que pensamos y sentimos, y toleramos menos las tonterías.

¿Te sorprende algo de esto? Me emocionó escuchar a Joffe decir esto. Allí estaba yo hablando con una persona que tenía mucha responsabilidad, en una de las principales corporaciones del mundo, y que estaba exponiendo dónde *convergen* los múltiples hilos de la neurodivergencia (es decir, en el área de la *sensibilidad*) y dónde nacen los argumentos para aceptar los derechos temperamentales y de la neurodiversidad. (No solo eso, sino que no tenía miedo de introducir en el lenguaje corporativo frases como «captamos las energías de los que nos rodean» y «toleramos menos las tonterías»: *mi tipo de mujer*).

Sobre la sensibilidad en el liderazgo

Asimismo, le pregunto a Susan Cain cómo manejan sus clientes de las empresas, o de otros lugares, la alta sensibilidad y el bienestar, especialmente en los altos cargos. Empieza hablándome de las quejas generalizadas sobre los diseños de oficinas abiertas, que gozaron de una cierta popularidad con el auge de Silicon Valley, pero que ahora están teniendo una respuesta negativa. Esos diseños suponen una seria preocupación para muchas PAS y personas introvertidas; con frecuencia les provocan una grave ansiedad. «Nunca me cansaré de recordar lo importante que es la gente —me dice Cain—. Hay un grado de emoción y de urgencia especial en las personas con las que trabajo». Son constantemente bombardeadas con suspiros y sonidos, se sienten observadas, juzgadas y que están en un escaparate. *No está funcionando*, reitera.

Solemos enfocarnos en los empleados neurodivergentes que tienen que lidiar con un entorno de cubículos, pero lo cierto es que hay muchas personas en los altos cargos ejecutivos que también lidian con la alta sensibilidad. Cain ha trabajado con líderes de todos los campos en lo que respecta a la introversión, la sensibilidad y todos los grandes temas que trata en su libro *El poder de los introvertidos*. «Para los líderes que aprenden a gestionar su sensibilidad en el, a menudo, competitivo mundo laboral, una vez que han aprendido a hacerlo, sabemos que en positivo pueden ser muy poderosos. Desarrollan la facultad para sentir lo que le está sucediendo a su equipo y pueden hablar a cada integrante de una manera distinta; de este modo, la sensibilidad se convierte en un superpoder».

Lo que dice Cain a continuación tal vez sea fundamental para el intento del neurodivergente sensible de salir adelante, conectar con el mundo neurotípico, prosperar y causar un impacto único: «Creo que la parte engañosa es que no es fácil usar ese superpoder cuando estás saturada o angustiada. Estos sentimientos pueden hacer que nos comportemos de manera egocéntrica o egoísta, aunque no seamos así. Así que lo que veo es que la primera orden del día es controlar la tendencia a sentirse abrumada o angustiada. Una vez que tienes eso dominado, tu superpoder es libre de expresarse a su gusto».

Y este es el poder que las personas neurodivergentes de todo el mundo están aprendiendo a utilizar en estos momentos. Necesitábamos un lenguaje y un vocabulario comunes que pudiéramos trasladar al ámbito laboral y fuera de él, que nos permitieran comprometernos con el mundo, en un grado de profundidad que muchas personas hemos estado anhelando durante mucho tiempo.

Tu huella de neurodiversidad en el trabajo

Como he dicho antes, no soy terapeuta. Ni ejecutiva de una gran corporación. Pero sí alguien que ha tenido que desenvolverse en entornos laborales que básicamente condenan a las personas neurodivergentes al fracaso, y tengo algunas opiniones sobre las cosas que las empresas podrían mejorar. A continuación encontrarás algunas de mis sugerencias prácticas:

- Dejar claro durante todas las fases del proceso de contratación que la empresa entiende la neurodiversidad, la acepta y tiene un lugar para ella. Esto ayudará a los candidatos a sentirse cómodos y ser tal como son y los animará a dar lo mejor de sí mismos en el trabajo.

- Formar a los empleados en el lenguaje y el marco de la neurodiversidad: empezar dedicando una hora al día a introducir el concepto, dar ejemplo y hacer hincapié en su importancia, relevancia y significado.
- Crear oportunidades conscientemente, grupos de trabajo y puestos que se basen principalmente en el pensamiento creativo, en vez de hacerlo en el pensamiento lineal, a fin de que los empleados neurodivergentes puedan destacar sin malgastar su tiempo intentando estar a la altura de las expectativas neurotípicas.
- Crear espacios físicos (silenciosos, privados, abiertos, compartidos, etc.) que puedan albergar varios estilos de trabajo.
- Integrar la naturaleza en el entorno laboral todo lo posible. Los empleados neurodivergentes necesitan más tiempo para regular su sistema nervioso; por eso los jardines y patios *in situ*, los ventanales luminosos y la proximidad a los parques son de suma importancia para garantizar que fluyan las ideas creativas e innovadoras. Lo último que deseas es que un empleado con alto potencial sufra la carga de dolores de cabeza innecesarios o alguna otra molestia debido a un entorno laboral inadecuado.
- Ofrecer regularmente reuniones de pequeños grupos para hablar de la salud mental, el síndrome del trabajador quemado, el sueño, la comunicación, los límites y los consejos y herramientas organizacionales. Las empresas tienen el poder de reducir drásticamente el estigma social, y ese cambio se dejará sentir en las familias, en las comunidades y en la sociedad en general.

Conclusión

Ha llegado el momento de construir ecosistemas sostenibles para los neurodivergentes de todo el mundo. Un sinfín de personas, proyectos, organizaciones y movimientos están trabajando para cambiar el panorama de oportunidades para personas como nosotras. Las mujeres y los hombres estamos reinventando la asistencia sanitaria (concretamente, en lo que se refiere a la salud mental) y toda una serie de científicos, investigadores, artistas e innovadores de las comunidades encabezan la lista. Desde los orígenes de los prejuicios de género en la evolución de la psiquiatría hasta el replanteamiento de los diagnósticos en el DSM y el renacer respecto a la sensibilidad y la neurodivergencia entre las mujeres, la corriente ha cambiado de tal manera que las mujeres se están atreviendo a reivindicar que son las dueñas de su mente y actúan en consecuencia. Desde los ámbitos del diseño y la arquitectura hasta los de la terapia y el editorial, las mujeres neurodivergentes sensibles ahora están «saliendo del armario» en masa, y todas hemos mejorado por ello. El relato está cambiando y tenemos que seguir ejerciendo presión en los medios, en las salas de juntas, en las aulas, en nuestras relaciones y en nuestras familias.

Los prejuicios y la adaptación de la tecnología

Nuestro futuro neurodiverso no se limita a los expertos en salud mental o al estudio del cerebro. Los campos de la inteligencia artificial (IA), la realidad virtual, la realidad aumentada y el diseño sensorial están preparados para recibir la neurodivergencia. Eugenia Kuyda ha desarrollado Replika, un *chatbot* (bot conversacional) de IA que responde de forma realista a las personas que necesitan ser escuchadas, empatía, afirmación y conexión. Lo desarrolló para que le ayudara a procesar su dolor tras la muerte de su mejor amiga por un accidente de coche. Vi una demo de su bot y aluciné al ver la profundidad de las conversaciones que se podían mantener en él. Este bot en particular fue programado usando los mensajes de texto y la correspondencia de la amiga que falleció, y así miles de personas pudieron despedirse e interactuar en privado con el bot, cuyo lenguaje reflejaba el de su amigo/a fallecido.

Se puede aplicar a todas las personas que atraviesan periodos de soledad o aislamiento, pero me pregunto qué nuevas perspectivas y aplicaciones podrían surgir si se programara un bot basado en los patrones de comunicación de una persona neurodivergente sensible. ¿Y si se estudiaran dichos patrones? ¿Se nos entendería mejor en general? Sé que alguien lo hará cualquier día, en alguna parte del mundo, y apuesto a que será una mujer neurodivergente.

Un artículo publicado en *Forbes,* escrito por Rediet Abebe, trata sobre algo similar, concretamente que la IA sea capaz de utilizar diversas voces basándose en las diferencias raciales. «Si los equipos que marcan la dirección de las investigaciones escriben o utilizan algoritmos con antecedentes y experiencias similares, acabaremos teniendo investigaciones a favor de una igualmente estrecha y ya privilegiada clase social. El investigador plantea la pregunta, decide qué conjunto de datos utilizar, cómo realizar los análisis y cómo presentar los resultados».[1]

La emprendedora Mia Dand, de Lighthouse3, utiliza su plataforma mediática para incluir a las mujeres de color en la ética de la IA[2] y la directora del Laboratorio Nueva Frontera del Instituto Cinematográfico Sundance, Kamal Sinclair, es una de las principales impulsoras de que la tecnología y la realidad virtual nos dirijan a todas hacia un futuro sin prejuicios. Sinclair también es la fundadora de un proyecto transmedia denominado Construyendo una Nueva Realidad. La idea que está medrando es que si la IA va a ser la responsable de la toma de decisiones en la medicina, la contratación y otros aspectos de nuestra vida, la programación debería estar libre de prejuicios e incluir a todos los grupos raciales y étnicos, géneros y personas neurodivergentes.

Un artículo publicado en *The Atlantic* titulado «Más allá de los cinco sentidos», escrito por Matthew Hutson, amplía la información mencionando los sentidos adicionales, lo que sucede cuando se traspasan y sus implicaciones. «El cerebro es sorprendentemente adepto a aprovechar cualquier información que recibe y, por ejemplo, puede ser entrenado, a "oír" imágenes o "sentir" el sonido»,[3] escribe. Me gustaría ver más mujeres neurodivergentes sensibles al frente de dicho trabajo. Cuando hablé con David Eagleman, el neurocientífico de la Universidad de Stanford, sobre el intercambio de *umwelts* entre las personas (para que la gente pueda experimentar las dificultades sensoriales de los demás), me preguntó por qué pensaba que a alguien le interesaría experimentarlo. Le respondí que no creía que los familiares, amigos, sanitarios, terapeutas y otros dudaran ni un segundo ante la posibilidad de experimentar y comprender mejor cómo es estar dentro de la mente y el cuerpo de un autista. Cuando pienso en el potencial que tiene la tecnología para ayudarnos a entender mejor a las personas diferentes y a empatizar con sus experiencias, literalmente me estremezco.

Sensibilidades sensoriales

En el ámbito de la arquitectura, varios diseñadores e investigadores han escrito sobre la aplicación de la sensibilidad autista y de sus beneficios para toda la humanidad.[4] Se cree que en algunos casos la arquitectura moderna, en particular, con su estética minimalista, ha surgido de algunos personajes históricos que tal vez fueran autistas, como Le Corbusier. «Los diseños de Le Corbusier probablemente sean la respuesta de su cerebro atípico», escriben Ann Sussman y Katie Chen en un controvertido artículo. La empresa Forte Building Science, con sede en Nebraska, publicó un informe titulado «Por qué los edificios para autistas son mejores para todos», donde menciona las divisiones de los espacios, la iluminación, los estados de ánimo, los factores comunes y otros. La Escuela Internacional Shrub Oak, de Nueva York, por ejemplo, fue diseñada y construida totalmente para la sensibilidad autista, desde las luces y los colores hasta el tamaño y la división de las salas, dando prioridad a los espacios abiertos no recargados y evitando las luces fluorescentes. Un artículo publicado en *Architectural Digest* sobre dicha escuela señala que «el diseño amable para los autistas se ajusta a muchos de los mismos principios de cualquier buen diseño en general: que los elementos diseñados tengan significado, que un espacio claramente incoloro y anodino es tan nefasto como uno sobrecargado y que siempre es útil tener en cuenta cómo se sienten las personas en espacios concretos».[5]

De nuevo, toda esta innovación nos revela la urgente necesidad de aplicar el pensamiento neurodivergente a diversos campos, para que se puedan entender mejor nuestras necesidades, hacer las adaptaciones y, lo más importante, *integrarlas* en la estructura de la vida, de modo que no seamos siempre los últimos en los que se piensa. No podemos permitirnos perder más personas neurodivergentes sensibles abandonándolas al peligro de la vergüenza, la duda, la falta de empleo, la baja autoestima o el suicidio.

Las recientes innovaciones en la construcción y el diseño se están dejando ver en una variedad de lugares, como las «salas sensoriales» de la NBA, que incluyen colores y sonidos relajantes. Un artículo de 2018 sobre estas salas señala que «estos elementos ayudan a crear un espacio tranquilo alejado del ruido del estadio. Las salas también cuentan con herramientas, como la terapia de juegos multisensoriales y las estaciones tecnológicas. Además de las salas multisensoriales, habrá una parte del personal del estadio que estará formado para reconocer las necesidades sensoriales y proporcionarles un sitio a los niños y adultos que lo necesiten».[6] No solo indica esto que las plazas para personas sensibles ya no son una excepción, sino que me alegra que mencionen a los adultos; parece que vamos progresando.

Los diseñadores sensoriales con ideas innovadoras y audiólogos sensoriales del programa de la División de Sonidos Naturales y Cielos Nocturnos del Servicio de Parques Nacionales de Estados Unidos, en Alaska, también tienen el poder y el potencial de prestar atención a las sensibilidades neurodivergentes. Un equipo de investigadores, fotógrafos y pilotos ha viajado hasta las cumbres nevadas y los valles salvajes para grabar los cantos de los pájaros, los sonidos de los ríos y del viento, simplemente, para documentar paisajes sonoros que no están contaminados con ruido humano. Mis propias sensibilidades hacen que me fusione con el pulso de la vida salvaje y las sensaciones reverberan en mi interior. Me encantaría ver a mis compañeros y compañeras neurodivergentes capturando esos sonidos, sentimientos y experiencias en el mundo, y ayudándonos al resto a que nos beneficiemos de ello.

Expandir nuestros sentidos

Lore Thaler es psicóloga graduada en la Universidad de Durham, Reino Unido, con formación en percepción visual y en la forma en que esta guía el movimiento. Durante su posdoctorado se interesó en ecolocalización. Es una manera de moverse por el mundo que ahora está siendo explorada por personas invidentes (como el conocido Daniel Kish, cuyos vídeos en YouTube llamaron la atención de Thaler) en la que usan «chasquidos»* emitidos con la lengua para orientarse por las calles, las casas y otros entornos. Thaler ha investigado la ecolocalización durante más de nueve años y usa experimentos conductuales y la neuroimagen para investigar cómo ecolocalizan las personas, qué claves acústicas utilizan y qué áreas del cerebro están implicadas. Los investigadores como ella también estudian los cambios en el cerebro que produce la ecolocalización, a medida que una persona aprende estas nuevas habilidades, proceso denominado neuroplasticidad.

«¿Qué consideramos normal?, me pregunta Thaler. Esta es justamente la razón por la que quería hablar con ella. Aunque su investigación nada tiene que ver con el autismo, con las mujeres altamente sensibles o con rasgos similares, básicamente, está investigando el acto de *neuroqueering* ('neurorrareza')*: la alteración de la conducta humana en el mundo.* Los hombres y las mujeres invidentes que estudia están alterando su rendimiento en el mundo, contrarrestando las expectativas y las normas dominantes. Chasquear

---

* N. de la T.: Emite chasquidos con la lengua y el sonido rebota en las superficies y regresa a él. Esto le permite construir una imagen del espacio circundante. Daniel es ciego desde los trece meses.

es *neuroqueering*. O tal vez deberíamos llamarlo *sensoqueering* ('sensorrareza'). Pero si vamos más allá, la ecolocalización nos muestra nuestras posibilidades cuando alteramos o variamos de alguna manera nuestra respuesta a los estímulos sensoriales o a la falta de ellos. Entonces, ¿qué conductas podemos adoptar para las personas sensibles y cuáles son los cambios que puede adoptar el mundo que nos rodea? Algunos supermercados tienen horarios de silencio para clientes autistas, por ejemplo. ¿Qué más es posible? ¿Y si los abrazos con mucha presión fueran la norma? ¿Y si todas las oficinas tuvieran salas *snoezelen* para los *meltdowns* y la sobrecarga sensorial? ¿Y si en las reuniones empresariales el estilo de comunicación fuera el susurro?

«A veces la gente tiene unas expectativas muy bajas de las personas invidentes», me comenta Thaler, y yo le pregunto si siente que oponer resistencia a las normas sociales forma parte de su trabajo. «Por supuesto», responde. Además de su investigación, ella y sus colaboradores dirigen talleres en los que comparten su investigación y ayudan a otros profesionales a enseñar ecolocalización. «La gente está asimilando esta información y está ayudando a cambiar las cosas».

Le pregunto sobre otras investigaciones sensoriales progresivas y cambio de visiones respecto a las normas sociales. «Tengo compañeros que trabajan con personas que oyen voces. Hasta ahora, oír voces se había considerado algo fuera de lo normal, una "anormalidad", y han demostrado que casi todo el mundo, en algún momento de su vida, tiene esta experiencia y que hay un espectro». Muchos investigadores de la Universidad de Durham (y del resto de Inglaterra) parece que están adoptando posturas más abiertas en sus investigaciones, conclusiones y recomendaciones para la práctica. Un gran porcentaje de las investigaciones que he revisado para escribir este libro eran del Reino Unido y de otros países europeos, como Holanda e Italia. «La idea del Reino Unido es integrar. Solía haber escuelas especiales para ciegos u otras personas con discapacidades; ahora, la idea es integrar, en vez de separar. Aunque a veces pueda ir mal, la finalidad es la integración».

A veces, la gente le pregunta a Thaler por qué le interesa esta área de investigación, y ella responde que aprender sobre los cambios de percepción es un importante cambio de paradigma. «No hay muchas personas que trabajen en esta área», me dice. Y en lo que respecta al futuro, a medida que más científicos, diseñadores e inventores vayan satisfaciendo las diferencias sensoriales, según ella, se planteará la problemática cuestión de imponer, en vez de colaborar. «Siempre que introduces tecnología asistencial, tienes que estar seguro de que la persona realmente la quiere. Si la gente la encuentra útil, estoy totalmente de acuerdo». Menciona los dispositivos para mejorar la audición como ejemplo; muchos preguntaron por ese tipo de funcionalidad, en vez de que alguien de fuera les impusiera esa tecnología.

Thaler dice que respecto a la innovación en la investigación (especialmente en el papel que desempeñan los animales): «Gran parte de los escritos sobre ecolocalización se basan en los murciélagos, y a mí me sirven de inspiración». Aunque ella no trabaja ni con murciélagos ni con otros animales, así tiene la oportunidad de explorar las similitudes entre especies. Si los murciélagos tardaron miles de años en desarrollar su habilidad ecolocalizadora, le pregunto cuál es el futuro para los humanos. ¿Qué tipo de percepción sensorial o comunicación nos espera en el futuro? «Creo que es una cuestión fundamental. Como humana tienes tus superficies sensoriales, como la piel, la presión y la temperatura, el oído y los ojos. Y con un nuevo sentido, seguirás estando limitada, por supuesto, pero evidentemente, puedes obtener información diferente. Si usas la ecolocalización en lugar del oído, obtendrás otro tipo de información. Entonces, ¿existe ahora un sentido nuevo?».

Lo que me resulta tan curioso respecto a la investigación de Thaler es su visión a largo plazo sobre la evolución de la humanidad. Cuando pienso en ello, ¿no es posible que las personas neurodivergentes sensibles de otra era puedan ser consideradas más evolucionadas que el resto por el efecto que tienen en ellas los estímulos sensoriales? ¿Y qué nuevas formas de funcionar e interactuar podrían aportar las personas sensibles si se les diera la oportunidad de explorar y usar sus sensibilidades? ¿Podrían crear ciudades y pueblos que fueran relajantes? ¿Y vivir de esta forma podría ayudar a resolver otros males sociales, como la agresividad, la comunicación hostil, la guerra y la avaricia? ¿O tal vez descubran formas de comunicación que no dependan tanto del sonido, del mismo modo que los invidentes utilizan la ecolocalización en lugar de la vista para desplazarse por el espacio? Sustituir la vista por la ecolocalización les permite absorber una cantidad similar de información, pero usando otro sentido, y esto les ayuda a desenvolverse en el mundo con más facilidad. ¿Cuál es el equivalente para las que nos sentimos abrumadas por el ruido, por ejemplo?

Bill Davies, el profesor autista de Acústica del Reino Unido que vimos en el capítulo cinco, quiere reunir a diseñadores, planificadores, arquitectos e ingenieros para entender mejor de qué forma la mala acústica afecta y margina a las personas, y dice que el creciente interés que existe actualmente por conceptos como el paisaje sonoro (que propone una comprensión más matizada y compleja de la respuesta humana a los entornos sonoros) podría ser útil. «El proceso de diseño cocreado que vemos en los proyectos de paisajes sonoros, donde los usuarios/residentes/accionistas se implican en él desde las primeras fases, indudablemente sería útil para crear entornos más accesibles». A esto añade que hacer bien el diseño inicial es mucho más barato que intentar rehacer algo una vez que se ha hecho.

A Davies también le gustaría que existieran investigaciones más básicas sobre la percepción auditiva autista, concretamente investigaciones que buscaran los puntos fuertes y las diferencias, en lugar de las «deficiencias». Y al igual que a mucha gente, le gustaría ver más líderes autistas: planificando las preguntas de las investigaciones, dirigiendo estas, entrevistando a otros autistas. «Creo que podríamos aprender mucho si los investigadores se limitaran a escuchar detenidamente las experiencias auditivas cotidianas de los autistas. Creo que con un empujoncito en el entorno correcto, la mayoría de las personas (autistas o no) podrían compartir sus valiosas experiencias con el sonido». Davies está animado ante el incremento de las investigaciones participativas y le gustaría que hubiera más. «Esto refleja el progreso cauteloso que se está haciendo respecto a la implicación del paciente en la investigación médica en general. Existen pequeños grupos de genuina cocreación, donde respetados investigadores neurotípicos sobre el autismo entablan una colaboración abierta con personas autistas en sus investigaciones. Los investigadores del autismo más jóvenes parecen estar más abiertos a esto, y el creciente grupo de alumnos de doctorado autistas están realizando un trabajo fascinante».

Joel Salinas, el neurólogo de la Universidad de Harvard con sinestesia, habla extensamente sobre aceptar las diferencias humanas y profundizar sobre cuánto amor podríamos compartir si reconociéramos los conocimientos científicos acerca de lo diferentes y únicos que somos cada uno de nosotros. También comparte conmigo cómo sería manifestar ese amor, comprensión y aceptación de manera que pudiera conducirnos a realizar cambios concretos en el funcionamiento y la estructura del mundo. «Lo esencial es que estemos abiertos a nuestras diferencias y a nuestras similitudes

—afirma—. Asimismo, hemos de crear entornos que sean más personalizables y que provoquen menos estrés, donde la gente tenga opciones». Por ejemplo, en los aeropuertos se han diseñado zonas para fumadores; de modo que podríamos imaginar que también podría haber zonas para personas altamente sensibles a los estímulos ambientales, «ambientes donde pudieras encontrar tu propio zen», según sus propias palabras. Igualmente, hay otras cosas que se pueden tener en cuenta, como auriculares con cancelación de ruido, viseras, ropa especial y otros. Salinas me recuerda el ejemplo de las tijeras para zurdos, que han cubierto una gran necesidad y no han impuesto carga alguna a las personas diestras de todo el planeta. A Salinas le entusiasma colaborar, recordarnos que todos compartimos este mundo y que podemos solucionar las necesidades de todos, a la vez que intentamos minimizar la carga de otros. «Si queremos sobrevivir juntos, hemos de colaborar un poco», afirma refiriéndose a gestionar las diferencias con compasión y empatía.

La terapeuta ocupacional Teresa May-Benson, que conocimos en el capítulo cuatro, se hace eco de lo que muchos de los que trabajan en el campo de la sensibilidad saben desde hace décadas, pero que está solo en los inicios de ser puesto en práctica. «Hemos de educar a los profesionales de la medicina, a los psicólogos, a los juristas y a otros profesionales respecto a la importancia del procesamiento sensorial y la forma en que afecta a nuestra conducta». Un episodio de la serie *Atípico*, de Netflix, «En la guarida del dragón», por ejemplo, tiene una escena en la que el principal personaje, que es autista, recibe una sobrecarga sensorial y le lanza la correspondiente mirada de pánico a un agente de policía, que la interpreta como «desobediencia». En el episodio, el agente recibe información introductoria básica sobre el autismo para evitar malentendidos futuros. Luego hay mucha información y educación disponible que no está llegando a quienes lo necesitan (a los que ostentan el poder y a sus votantes) y, por consiguiente, los actos de replantear estos relatos y *contar historias diferentes* respecto a la sensibilidad y la conducta no son solo revolucionarias, sino también muy prácticas.

Sería recomendable para padres y madres, educadores, cónyuges, compañeros de trabajo, agentes de policía, terapeutas, médicos, etc., conocer esta información para que pudieran hacer las adaptaciones necesarias que ayudaran a prosperar a los neurodivergentes sensibles. No deberíamos coaccionar o «reeducar» a las personas neurodivergentes para que sean diferentes de como son, sino más bien neurodivergentes y neurotípicos deberíamos crear un espacio donde cupiéramos todos. Por lo que sabemos hasta ahora, los efectos a largo plazo de fingir pueden ser peligrosamente agotadores y un riesgo para la salud emocional, física y espiritual.

Traspasar las fronteras de los continentes y los diagnósticos

Los cambios que están por llegar no se limitan a Estados Unidos o el Reino Unido, ni a un conjunto de diagnósticos. Mariana García es una terapeuta mexicana que me escribió después de haber leído un artículo que escribí con Elaine Aron. Cuando anuncié mi primer retiro Altamente Sensible & Neurodivergente, fue la primera en inscribirse; después hemos permanecido en contacto y nos escribimos sobre sus expectativas de realizar este trabajo en México.

«Me interesé por este campo cuando observé dos cosas. Una fue ver la cantidad de adultos que padecen fobia social provocada por haberse sentido inadaptados durante toda su vida; observé que compartían varias características, como el gusto por la reflexión y la intensidad emocional. Me he dado cuenta de que el prisma de la neurodiversidad y la alta sensibilidad coincide con lo que he escuchado de mis amistades, familia y pacientes». La otra fue ver la desconexión en las escuelas: «Muchos de estos niños se sienten abrumados y tienen miedo, lo cual se convierte en un círculo vicioso que afecta a su desarrollo emocional, cognitivo y social».

García planifica introducir el marco de la neurodiversidad en México, centrándose en la alta sensibilidad, de modo que «en vez de que los niños y niñas crezcan sintiéndose inadecuados y avergonzados por no ser "normales", puedan conocerse a sí mismos, y nosotros como adultos podamos crear las condiciones necesarias para ayudarlos a desarrollar su potencial». Ella desea que la sociedad en general llegue a ser consciente de que hay mentes y formas de crear contextos diferentes, en los cuales las personas altamente sensibles y las neurodivergentes puedan «autorrealizarse». Terminar con la vergüenza y el estigma social es uno de los principales objetivos en su práctica actual. Ha observado que el lenguaje en particular es muy necesario en México, para ayudar a reflejar mejor el mundo interior de las personas neurodivergentes. La «deficiencia» sigue siendo el punto de vista generalizado.

Al igual que otras de las personas que he entrevistado para este libro, García es consciente del reto de integrar el marco de la neurodiversidad en el sistema sanitario actual mexicano. Afirma que los médicos y terapeutas convencionales no deberían apresurarse a juzgar la neurodiversidad creyendo que se mostrará contraria a los tratamientos o a los intentos de ayudar; alguien que defienda la neurodiversidad *también* puede estar abierto a beneficiarse de ciertas terapias para mejorar su calidad de vida.

Como muchos otros defensores, se centra en la integración. La idea que está medrando en el campo de la psicología y otros relacionados es la de revisar y actualizar continuamente los conceptos de la naturaleza y la conducta humanas, y la función de las normas sociales. «El mundo se beneficiará significativamente de sus talentos, como la empatía, la intensidad emocional, la certeza, la sensibilidad, la habilidad para detectar los detalles, la profundidad de pensamiento, la voluntad de aceptar y muchas otras cosas que necesitamos en una época donde imperan la alienación, la frialdad, la superficialidad y la dureza emocional», afirma García. Ella, como muchos otros, no quiere que su profesión o los que están bajo su influencia adopten un punto de vista extremista o fanático. Tiene la intención de abrir las puertas e introducir una nueva forma de pensar, sin negar las diversas experiencias de las personas neurodivergentes sensibles. Como ya hemos visto, los neurodivergentes también pueden tomar medicación y hacer terapias sin renegar de su identidad.

Es evidente que necesitamos una inyección masiva en todos los ámbitos de las personas neurodivergentes sensibles, especialmente las mujeres, que con frecuencia tienen vedado el éxito por prejuicios de género, estigmas sobre la salud mental y estereotipos sobre las diferencias mentales. También hemos de estudiar más de cerca el tema de la sensibilidad en otras categorías, como lo que actualmente se llama trastorno de la personalidad límite, esquizofrenia, TOC y trastorno bipolar. El libro de Andrew Solomon, de 2012, *Lejos del árbol: historias de padres e hijos que han aprendido a quererse*, por ejemplo, ilustra cómo los padres pueden superar diversos tipos de diferencias con sus hijos. Un día descubrí un vídeo de la Universidad de Yale sobre Solomon y su amiga Elyn Saks; ambos habían sido alumnos de dicha universidad y los dos habían empezado a compartir abiertamente sus problemas de salud mental: él su depresión y ella su esquizofrenia. Saks, graduada en Oxford, empezó a experimentar episodios de esquizofrenia a los veinte y su sólida carrera profesional está centrada en los derechos en salud mental, los derechos humanos y la política. También le concedieron una beca de la fundación MacArthur Fellow y fundó el Instituto Saks para las Leyes de Salud Mental, Políticas y Ética en la Universidad del Sur de California, donde imparte clases.

Ahora, también trabaja asesorando a los familiares o amistades designados por las personas afectadas para tomar decisiones, cuando se les presenta un episodio de salud mental; asimismo, ha mantenido conversaciones con la Universidad Johns Hopkins, la Universidad de Columbia y algunas partes interesadas del sistema sanitario. Saks sueña con que las personas sean las «arquitectas de sus propias vidas». Dice que está a favor de la psiquiatría y en contra de la fuerza. Cuando hablé con ella, vi el futuro de las mujeres neurodivergentes: un futuro abierto, de aceptación, cualificación, talento, determinación y centrado.

Saks me cuenta lo difícil que ha sido para los alumnos graduados desvelar su estado: «En los últimos años, cuando nos reunimos por primera vez como grupo, solo una persona levantó la mano [para identificarse como alguien con un problema de salud mental], lo cual fue asombroso. Pero este año, el setenta y cinco por ciento del grupo levantó la mano para dar la cara, incluida una mujer que nunca lo había dicho en voz alta, solo lo sabía su familia. Me gustaría ver que se investiga más sobre lo que está funcionando, el estigma social, por qué la gente no está recibiendo la atención que necesita y formas de convencer a las personas a seguir el tratamiento para no tener que emplear la fuerza».

Saks entiende el marco de la neurodiversidad y movimientos como «Orgullo del loco», y respeta estas perspectivas. En su caso, la medicación y la terapia le van bien, y por consiguiente, apoya su uso en otras personas si estas están de acuerdo, «pero ha de ser una elección individual para cada uno», afirma. Contempla su esquizofrenia como una «enfermedad bioquímica que necesita medicación y terapia para funcionar correctamente». Es una visión pragmática y, si a los demás les va bien con otra diferente, a ella le parece bien.

Saks es muy consciente de los retos a los que se ha de enfrentar la psiquiatría, y es alentador escuchar a alguien que reconoce varios puntos de vista. Por ejemplo, piensa que los «psiquiatras nos están haciendo un flaco favor cuando enseguida nos dicen que bajemos nuestras expectativas, porque con los medios y el apoyo adecuados, las personas podemos desarrollar nuestro potencial». Hay mucha gente que vive con esquizofrenia y le va bien, entre los que se incluyen amigos y colegas de Saks, que son médicos, abogados y académicos. En su caso, haber hallado aceptación en su trabajo ha sido esencial, y la Universidad del Sur de California es perfecta para ella. Por ejemplo, como le estresa dar clases, otra persona las da en su lugar, mientras ella supervisa a los alumnos en persona. «El trabajo es increíblemente significativo en cuanto a sentirte productiva, valorada y hacer algo bueno».

Saks participa en un estudio donde encuesta a médicos, familiares y amigos «para buscar una nueva palabra que sustituya a *esquizofrenia*, porque es una enfermedad muy incomprendida». Esto señala la importancia del lenguaje y la reformulación. ¿Cómo hablamos de la diferencia en nuestro entorno familiar, en las escuelas, en las empresas y en el gobierno? Saks y yo nos reímos entre dientes, mientras coincidimos en que se trata de un proyecto básicamente de *branding* ('gestión de marca').

En lo que respecta a familiares y amigos, le pregunto por su ecosistema personal. ¿Quién es necesario en su círculo interno inmediato? Por propia experiencia sé que un «sistema de apoyo» para los neurodivergentes suele ser diferente del típico sistema de apoyo que puede brindarnos un amigo de tanto en tanto y de manera informal. «Yo escribí una lista de personas que me han ayudado: mi psiquiatra, mi sicoanalista, mi cardiólogo, oncólogos, abogados, mi asistenta del hogar, mis amigos y mi marido [...] La sociedad se está volviendo más comprensiva, hay más apertura, incluso en los medios. Las personas están contando historias más positivas», concluye.

La investigación académica: el vientre de la bestia sensorial

El cambio también se está produciendo en el interior de los círculos académicos. B. Blair Braden, originaria de Kentucky, obtuvo su doctorado en la Universidad de Arizona (Tempe). Ahora, dirige el Laboratorio de Autismo y Envejecimiento Cerebral del campus. Como experta en neurociencia conductual, se dio cuenta de que necesitaba estudiar más a fondo a los adultos autistas, porque había muy pocos investigadores que se centraran en individuos mayores de dieciocho, mucho menos si eran mujeres. Cuando ella y sus colaboradoras cursaron la primera solicitud de beca al Departamento de Defensa, este necesitaba que sus participantes fueran lo más parecidos posible y que se centraran en los hombres, ya que eran quienes más recibían un diagnóstico. Eso no le gustó, así que buscó otra beca de la Comisión de Investigación de Biomedical de Arizona, para realizar el mismo estudio en mujeres; sin embargo, no ha conseguido suficientes participantes como para publicar los resultados. «Pero otra beca de la Alianza Nacional para la Enfermedad Mental nos permitirá continuar para hacer un seguimiento de ambos sexos durante los próximos cuatro años».

Braden había estado reclutando mujeres de edades entre cuarenta y sesenta y cinco años cuando mantuvimos nuestra conversación. En ambos sexos, la inmensa mayoría de sus participantes no fueron diagnosticados hasta la edad adulta. «Existe una gran diferencia entre géneros en lo que se refiere a índices de diagnóstico».

Para la mayoría de los participantes, el autismo ni siquiera se había añadido al DSM hasta después de su nacimiento y, con frecuencia, cuando ya habían terminado la educación básica.

Braden señala la dificultad que supone ese encubrimiento desde la perspectiva de la investigación. Supongamos que una mujer va a un terapeuta o investigador y responde a las preguntas de la forma que suele hacerlo en el trabajo o en una cafetería: utilizando todos los matices, señales, conductas, gestos neurotípicos y otras formas de interactuar que ha aprendido a usar. Para el observador será difícil reconocer que se trata de una mujer neurodivergente. Esto es especialmente problemático con mujeres que ni siquiera *saben* que están enmascarando o que llevan tanto tiempo haciéndolo que les parece normal estar agotadas y angustiadas después de la mayoría de sus interacciones y conversaciones. «Por fin, hay más investigaciones sobre cómo enmascaramos las mujeres, así que nuestras pruebas puede que no sean lo bastante sensibles para las niñas o las mujeres —comenta Braden refiriéndose al criterio de diagnóstico estándar, que no tiene en cuenta que las mujeres fingen, por lo que se escapan del radar diagnóstico—. Todavía estamos intentando entender los rasgos y la cognición humana. La forma en la que en estos momentos se describen las enfermedades en el DSM puede que no sea la más adecuada».

La finalidad de las investigaciones de Braden es identificar las dificultades a las que tendrán que enfrentarse las personas autistas a medida que vayan envejeciendo y qué es lo que las puede ayudar en el proceso de envejecimiento. Ella y sus colaboradoras están desarrollando intervenciones para abordar la ansiedad, la depresión y las habilidades de la función ejecutiva. Para el futuro, le gustaría que su investigación sirviera para poder informar sobre cuáles deberían ser los criterios de la atención para estas personas. «Nos preocupa especialmente el llamado autismo de alto funcionamiento en adultos que puede que hayan alcanzado cierto grado de independencia, que trabajan, se mantienen y viven por su cuenta, pero si se ven afectados por el envejecimiento un poco antes, es en esos cambios donde queremos actuar y averiguar qué es lo que les podemos aportar para ayudarlos a seguir siendo independientes».

Tal como hemos visto, en Europa se está trabajando mucho más, pero incluso allí, poco se hace relacionado con las mujeres. Reconsiderar las herramientas de diagnóstico es prioritario para la comunidad internacional de investigación sobre el autismo, dice Braden, especialmente dado que los niños y los hombres reciben un diagnóstico con mucha más frecuencia. Tenemos la sensación de que nos estamos olvidando de las niñas y de las mujeres, así que hay que hacer cambios en el sistema de pruebas diagnósticas.

«Creo que a los niños y niñas se les da mucha libertad de acción, es normal que sean diferentes. Pero cuando te haces adulto, no lo es. Soy una gran defensora de que está bien que las personas sean diferentes y que se ha de celebrar la diversidad. En nuestra investigación hemos observado cuánta paz ha aportado a estos adultos descubrir que eran autistas. La aceptación es un factor esencial».

En resumen, para Braden: «Esta investigación ha cambiado totalmente mi vida. Trabajar con adultos del espectro me ha ayudado a reconocer lo diferentes que somos todos. Realmente no hay nada bueno ni malo respecto a la gente; todos somos personas que lo hacen lo mejor que pueden. Me he convertido en alguien con una capacidad de aceptación infinitamente mayor, al conocer a personas que son muy distintas a mí».

Mis pensamientos de despedida

Mientras hacía entrevistas para este libro, me han preguntado con frecuencia por qué tenemos que clasificar o diagnosticar si hay tantas similitudes entre la sinestesia, el autismo, el PAS, el TPS y el TDAH. Por lo que sabemos hasta ahora, la clasificación y el diagnóstico son funciones del DSM, de las mutuas y de los médicos y terapeutas que han de usar estas etiquetas para que los pacientes reciban ayudas y poderles aplicar tratamientos o terapias. Puede que algún día, todos estén en el DSM, o también puede ser que no lo esté ninguno de ellos. Y como me recuerda Joel Salinas (incluso para algo como la sinestesia, que no se incluye en los centros de investigación), lo que está a disposición del público, en el mejor de los casos, son cuestionarios de autoevaluación. Por otra parte, hemos visto que para algunas personas, tener el diagnóstico y la confirmación «correcta» de un médico era importante y positivo. Tal vez dependa del trabajo de cada individuo, de lo cerca que esté del material, de lo que considere necesario para él y de cómo se dirija a los expertos y valore su «pericia». De hecho, he oído otras historias de mujeres que han intentado que les dieran un diagnóstico, pero sus médicos iban perdidos, no estaban bien informados ni estaban al día de los últimos estudios, y la «experta» era la propia paciente.

Al fin y al cabo, ¿qué sentido tiene hacer estas preguntas o preguntarte si «tienes» TDAH o si «tienes» autismo? Lo que las etiquetas y los diagnósticos significan hoy no es lo mismo que lo que significarán dentro de cinco años, que a su vez será diferente de lo que significarán dentro de veinte años, porque no son estáticos, más bien son conceptos flotantes creados por humanos que se transforman y cambian con el paso del tiempo. Entonces, ¿quién decide? Muchas personas, en especial las mujeres, ya no viven según las categorías definidas por otros. Pero para otras son necesarias para tener acceso a tratamientos, ayuda y adaptaciones que pueden salvar su vida. ¿Cómo manejamos semejante despliegue de necesidades que se encuentran bajo un mismo nombre, etiqueta o clasificación?

Es una pregunta que confunde, pero necesaria, y para mí la respuesta (además de la aceptación) ha sido afirmar las similitudes que todas compartimos como mujeres neurodivergentes sensibles. Gracias a estas similitudes, nuestra comunidad (nuestra tribu) es mucho más grande. Conozco aliadas que no hablan, que están pegadas a una silla de ruedas, sumamente medicadas o entrando y saliendo de centros de tratamiento. Puedo ponerme a su lado, marchar junto a ellas con la esperanza de que mi privilegio en esta vida se pueda usar para ayudarlas, y de la misma manera, puedo afirmar que todas detestamos las luces brillantes, los ruidos imprevistos y estridentes y que las migrañas son un asco.

Cuando acepté mis propias etiquetas, clasificaciones e identificaciones (me refiero a que realmente las acepté y conseguí que mi familia, amigos y compañeros también lo hicieran), casi dejé de necesitarlas. Cuando me informé sobre ellas, me adapté, todos nos adaptamos, y ahora, tengo una vida próspera, con *meltdowns* incluidos.

La imagen que empezamos a vislumbrar es que hay seres humanos de tantos sabores que las clasificaciones que hemos definido potencialmente se quedan cortas. Esto no es para negar la importancia y la utilidad de dichas categorías, pero pone en tela de juicio su superioridad, sus cualidades fijas y las formas en que las empleamos en las conversaciones privadas y en los contextos culturales generales. Es importante que veamos las diferencias, que no las neguemos; pero dejémoslo ahí y respondamos a todos con la misma amabilidad y ayudemos: con amabilidad pura no adulterada y ayuda que no esté condicionada a si alguien es de «alto o bajo funcionamiento». Sabemos lo suficiente sobre lo que es enmascarar y camuflar como para *no* pasar por alto la realidad de que una persona con un trabajo, un sueldo y una familia puede estar a un paso del suicidio, del mismo modo que sabemos que un niño o una niña que no habla puede necesitar ayuda en la escuela para comunicarse. En el fondo, todos somos más parecidos de lo que creemos, pero no hablamos de ello, para que nadie lo sepa.

Lo que al final me funcionó para mi propio crecimiento, aceptación y sanación fueron cuatro cosas: 1) encontrar la carrera correcta; 2) llegar a entender mis necesidades; 3) comunicarlas y hacerlas respetar a mis amigos, familia y compañeros de trabajo, y 4) aprender más sobre mi cuerpo. Hacia el final de mi investigación para escribir este libro, empecé a observar que experimentaba la misma calma y serenidad leyendo informes y estudios sobre el funcionamiento de nuestro cerebro y el resto de nuestro cuerpo que cuando leo poesía sufí o a los grandes filósofos, artistas e intelectuales de nuestro tiempo. Todos me llenan de un sentimiento de tranquilidad y estabilidad mientras asimilo los contornos de nuestro diseño y nuestra experiencia humana.

La tarde que descubrí el artículo que explicaba la «terapia de interocepción», el nombre enseguida me resonó. Cuando vi que la investigación estaba dirigida por una neurocientífica que intentaba entender y reducir la ansiedad entre los participantes autistas del estudio, supe que tenía que prestar atención. Ella había encontrado un párrafo enterrado en un informe que indicaba que las personas autistas tenían problemas en detectar sus propios latidos del corazón y que eso podía influir en su estado de ansiedad. También leyó que los autistas experimentaron más respuestas viscerales con otras personas que sufrían que el grupo de control, lo cual indicaba que tenían más desarrollada la empatía. Leer estas pocas frases sobre la aventura de investigación de Sarah Garfinkel y las pistas que estaba descubriendo hizo que me interesara por ella porque sabía que tenía algo entre manos.

A la mañana siguiente, hice mi sesión de saltos de tijera y pude sentir y contar los latidos de mi corazón sin ponerme el dedo en la muñeca. A continuación vinieron imágenes vívidas sobre el interior de mi cuerpo: células, órganos, músculos, tronco encefálico... Hacía tiempo que anhelaba tener un mapa mental más preciso y refinado del interior de mi cuerpo. Tuve el sentimiento profundo de ser vista, de ser reconocida. Y eso es lo que la investigación de Garfinkel indicaba que era necesario para ayudar a reducir la ansiedad del autista.

Así que conoce tu cuerpo. Busca en Internet sitios que hablen sobre su funcionamiento. La información puede ayudarte a arraigarte y a sentirte como nunca te habías sentido antes. O lee más sobre el tema y prueba alguna de las otras alternativas que he presentado en este libro: terapia ocupacional, Sistemas de Escucha Integrados, diseño *snoezelen*. No se nos ha enseñado a estar en sintonía con nuestro yo sensible.

Otro bálsamo de sanación imprescindible para mí ha sido mi trabajo. Durante mucho tiempo me he sentido encerrada en mi cerebro con ideas, pensamientos y reflexiones sensitivas que no encontraban una salida. La vergüenza empezó a apoderarse de mí, especialmente cuando intentaba encontrar un trabajo que fuera compatible con mi mundo interior. Una vez que fui capaz de adoptar una postura y compartir cómo era realmente mi mundo interior, sentí que por fin podía existir y poner los pies en el suelo del mundo exterior. Mi cerebro se «conectó» de nuevo y mi antiguo talento para la cartografía mental de las personas y de sus intereses, historias y vida interior se reactivó y pude volver a trabajar. Entonces, nació el Proyecto de la Neurodiversidad, para vincular estos intereses, oradores, ideas, conversaciones profundas y los efectos en el mundo real con cambios sistémicos en el interior de las personas y de las instituciones y organizaciones donde trabajan, incluidos hospitales, universidades, escuelas, medios de comunicación, empresas tecnológicas y consultorios de terapeutas.

No es fácil dar a conocer tus necesidades, sobre todo cuando ni tú misma puedes entender todo su espectro. Es un trabajo difícil que se ha de realizar paso a paso. Si no estás acostumbrada a decirle a un amigo o a tu pareja que pare de hablar porque el contenido de la conversación te abruma, o explicarle a tu familia por qué no puedes ir a comprar a la tienda a ciertas horas del día, empieza con lo que te sea más fácil. Quizás tu amiga tenga alguna idea sobre cuáles son tus sensibilidades y no le extrañe tu petición de cambiar de tema. Tal vez tu pareja sepa que eres más eficaz yendo a la compra por la mañana que por la tarde. Y no te preocupes si te enfadas la primera vez que expresas, manifiestas y pones límites a tus necesidades. Estás entrenando un nuevo músculo que necesita tiempo para reforzarse, y la gente de tu círculo más cercano puede gestionar sus propios sentimientos para apoyarte amorosamente en esta etapa de crecimiento personal.

Al final de mi investigación para este libro, me siento muy *vista*. Y aliviada. Haber sido capaz de aprender, digerir, procesar y, en última instancia, implementar e integrar tanta información ha sido un proceso curativo para mí. Tal vez lo más importante que he aprendido en mi investigación y escribiendo este libro haya sido el valor de la aceptación. Con la aceptación viene la adaptación, la comprensión y el sentido de amplitud respecto a los demás y la sociedad en general, que permite a las personas neurodivergentes desarrollarse y crecer a su manera y, en última instancia, identificar de qué formas pueden aplicar sus fortalezas en los entornos neurotípicos que antes les resultaban incómodos. La aceptación es la clave para que quienes se sienten marginados asuman riesgos, expandan su sentimiento de pertenencia, se esmeren en el trabajo y en las relaciones, y florezcan.

El camino que nos queda por recorrer

La forma en que ejercemos la medicina y hablamos sobre la sensibilidad y la diferencia como sociedad necesita un cambio urgente. Las facultades de Medicina, las asociaciones de policías, los que escriben el DSM, los profesores e investigadores científicos, las escuelas y los padres y madres, los departamentos de recursos humanos, las oficinas de innovación de las empresas, todos ellos deberían participar en una conversación mucho más amplia. No se trata del autismo o del TDAH, ni de mujeres u hombres, sino de la forma en que contemplamos, gestionamos y hablamos de la diferencia, y de cómo empoderamos o desempoderamos a las personas. Por ejemplo, en Canadá, hay hospitales que envían a los pacientes a los museos de arte como tratamiento para la depresión y la ansiedad; hay programas de realidad virtual que ayudan a las personas neurotípicas a experimentar el mundo sensorial de un niño o niña autista; hay terapeutas que actúan como primer auxilio para los sintecho en vez de que lo haga la policía.[7]

En el ámbito de la investigación y en el sistema sanitario, hay muchas mujeres que están alzando la voz y escribiendo sobre los prejuicios de género y cómo ejercer mejor la medicina, como hemos visto en el libro de Maya Dusenbery *Doing Harm* [Perjudicar] y en el de Angela Saini *Inferior.* La médica de urgencias Shannon McNamara escribe y habla sobre la intersección de los prejuicios de género, el *queerness* ('lo raro, lo extraño') y el trabajo emocional en la plataforma mediática FemInEm. La doctora Rana Awdish habla de la importancia olvidada de la conexión emocional y la resonancia en su autobiografía médica de 2017, *In Shock: My Journey from Death to Recovery and the Redemptive Power of Hope* [En shock: mi viaje desde la muerte hasta la recuperación y el poder redentor de la esperanza]. Lissa Rankin, a la que conocimos en el capítulo dos, sigue escribiendo y dando conferencias sobre la creación de un sistema sanitario que evite que las personas se quemen y que respete la ciencia, la sabiduría antigua y las áreas de práctica que la ciencia y la medicina deberían estar contemplando, pero a las que todavía no han dedicado tiempo y dinero. Y la psiquiatra Alexandra Sacks está replanteando y despatologizando la conversación y la experiencia sobre la nueva maternidad y la montaña emocional que trae consigo. Necesitamos hablar más sobre todo ello.

El campo de la medicina necesita una reforma. Con el aumento de las personas que experimentan soledad, aumentan los enfermos y las visitas a los médicos, que se ven en la situación de tener que entender la vida social de sus pacientes. Pero los médicos se queman y también necesitan ayuda y a quien recurrir. Y el ciclo sigue. Sin que la gente se pueda abrir, compartir y conectar con otros para hablar de su vida interior, no va a cambiar nada. La gente teme exponerse («No quiero que los demás conozcan mis partes vulnerables»); entonces, se oculta, se aleja y se aísla. El aislamiento se transforma en síntomas físicos y psicológicos.

No basta con decir que necesitamos estar más conectados o señalar que la soledad es un problema. Hemos de saber *cómo* conectar, lo cual implica aprender a conversar mejor con los demás y a hacerlo siendo más nosotras mismas. Compartir nuestras luchas, especialmente las de salud mental, es un camino directo hacia la conexión. No todo el mundo sabrá cómo responder o qué decir, pero al abrir tu puerta, ayudas a otros a hacer lo mismo. Puede que te lleve algún tiempo, pero pronto todas las personas de tu círculo de familiares, amistades y colegas de trabajo se sentirán un poco más cómodas. Se reducirá el estrés y estaremos más sanas (y más conectadas).

Queda mucho por hacer. En este libro, te habrás hecho una idea de lo que algunas mujeres y hombres están haciendo en sus ámbitos de trabajo. En esencia, se trata de comprometerse incondicionalmente con la autenticidad y con «sacarse la máscara»; hace falta coraje y determinación para sortear las tormentas que se avecinan. Pero después de la transición, el premio es que eres quien *dirige tu propia vida*. Por experiencia propia sé que hay muchas personas que desean esto, pero que se sienten atrapadas y no saben cómo hacer que suceda o les falta el lenguaje para imaginar una forma mejor. Espero que este libro te haya aportado ese lenguaje. Ha llegado el momento de «salir del armario», y mientras lo haces, lo que antes parecía un enclave sensorial oculto y alternativo florece para convertirse en un universo envolvente que sientes como la casa que tanto habías anhelado y que aceptas con asombro y respeto.

Epílogo

L a intersección entre neuronormatividad[*] y raza blanca se ha vuelto de lo más profética, y es un tema que he estudiado en profundidad, concretamente a través del medio visual de Instagram. Desde mi debut con *Mentes divergentes*, he creado el Proyecto Interracial, una serie que explora los relatos interraciales de la familia y las amistades en los medios y en documentales, basándome en mi propia experiencia de familia interracial y en las de mi comunidad.

Me gustaría animar a mis lectores a que revisaran lo que supone ser de piel clara y los privilegios que eso conlleva, y su relación con el capitalismo, así como las formas en que, al mismo tiempo, la sociedad refuerza las normas neurotípicas junto con ser de raza blanca. De hecho, ser blanco y la neuronormatividad coexisten y se alimentan mutuamente, caminan de la mano. Con las protestas y rebeliones generadas por el movimiento global de Black Lives Matter (Las vidas de las personas de color importan), es esencial que la conversación sobre diversidad cognitiva apoye nuestras causas hermanas y nos ayude a vislumbrar las formas en que están profundamente interconectadas.

---

[*] N. de la T.: Los patrones de funcionamiento cognitivos y neurológicos socialmente esperados y aceptados.

Sigo explorando estas coincidencias y te animo a que me sigas en jenara.substack.com y en Instagram en @interracialproject.

Desde la pandemia, también hacemos series de clases, eventos y encuentros *online*; te animo a que participes registrándote en tinyletter.com/neurodiversity.

Agradecimientos

En primer lugar, quiero dar las gracias a mi editora de HarperOne, Hilary Swanson. Gracias por darle el visto bueno a tomar el té y a este libro. Tu apoyo y tu entusiasmo me han llegado al corazón y me siento muy agradecida por haber trabajado contigo.

Mi gratitud absoluta a todos los autores y autoras con los que he trabajado en el Proyecto para la Neurodiversidad (Pico Iyer, Bill Hayes, Gabor Maté, Lissa Rankin, Joel Salinas, Maya Dusenbery, Steve Silberman, Rev. angel Kyodo williams): gracias por decir sí a algo tan nuevo y tan diferente. Espero que el tiempo que hemos compartido haya enriquecido vuestras vidas tanto como ha enriquecido la mía; y gracias por animarme a escribir este libro.

Mi agradecimiento para todos los autores y autoras que he tenido el privilegio de entrevistar gracias a mi trabajo en el Gran Centro de Ciencia Buena de la Universidad de California en Berkeley: Krista Tippett, Roshi Joan Halifax, Courtney Martin, Sebastian Junger, y muchos más.

Gracias mis mentoras y mentores Susan Cain, Elaine Aron, Nick Walker y Rev. angel. Vosotros cuatro habéis sido fundamentales en mi trabajo y en mi desarrollo.

Gracias a todos los creadores que participaron en nuestro primer #Reframe Conference ¡justo cuando estaba terminando de escribir este libro! Kamal Sinclair, Shawn Taylor, Nidhi Berry, Liz Fosslien, Casper ter Kuile, Tina Sacks, y muchos otros, ha sido un placer colaborar con vosotros y hacer polinización cruzada de ideas.

Gracias también a la legión de voluntarios que habéis ayudado a organizar todos los eventos con vuestro gran entusiasmo y propósito, conexión y pertenencia.

A todo el equipo de HarperOne, habéis sido encantadores desde el principio hasta el final. Gracias por vuestra ternura, y a diferencia de muchos equipos editoriales actuales, hemos podido compartir momentos en persona, ¡lo cual agradezco muchísimo!

A todas las comunidades que me habéis apoyado en mi viaje: Thrive East Bay, On Being, The Aspen Institute, The Center SF, The Family Spirit Center, OZY Media, 101 Surf Sports, Heart Source y el Tahirih Justice Center.

Gracias a mis profesores y profesoras del instituto y de la universidad que me animaron a hablar.

A las numerosas mujeres increíbles a las que he entrevistado para este libro; gracias por compartir vuestras historias y abrirme vuestro corazón. Sé cuánto trabajáis todos los días: os veo, os siento, os doy las gracias y os envío fuego para iluminaros en vuestro camino a medida que ofrecéis vuestros dones al mundo.

A mis amistades de la infancia que habéis compartido este baile conmigo desde edades muy tempranas: Kate, Shirin, Lydia y Becky.

A mi familia por parte de mi esposo, tías, tíos, primos, primas, colegas y amigos de la familia en Estados Unidos y en el extranjero, gracias por vuestro amor y gentileza.

A mis progenitores, gracias por ser un ejemplo de cómo prosperar y luchar por la sensibilidad, cada uno a su manera.

A mis hermanos y hermanas, mis protectores, me siento muy afortunada por pertenecer a esta tribu.

A mi pareja, gracias por estar a mi lado en este viaje, por tu paciencia y apoyo. Y gracias por hacer siempre que todo sea divertido. :)

A mi hija, espero que te encuentres un mundo donde la expresión, la aceptación y el florecimiento de la sensibilidad sean la norma. Tu perspicacia y tu sentido del humor son dones extraordinarios, y te quiero. Gracias por tu paciencia, mientras he ido organizando lentamente las piezas del puzle de mi propia historia.

Recursos

Recursos mediáticos

Considero que los medios, y particularmente las películas, son un poderoso medio para reformular los relatos sociales que envuelven a las personalidades divergentes y la salud mental. Espero que las recomendaciones que hago a continuación aviven tu imaginación respecto a tus posibilidades en tu vida. Acabar con el estigma y fomentar conversaciones en tu comunidad es la forma de promover el cambio, y estoy impaciente por ver lo que vas a hacer. ¡Cuéntamelo! Si deseas compartirlo, puedes dejar tu comentario en Facebook en @neurodiversityproject y @interracialproject o enviarme una nota a través de divergenlit.com.

CAPITÁN FANTÁSTICO (Captain Fantastic)
No es habitual en Hollywood tratar aspectos mundanos de la salud mental, pero esta película lo hace en cierta medida: presenta una familia atípica que intenta compatibilizar sus convicciones filosóficas sobre la vida moderna con la realidad de esa vida. Es un bonito film, que retrata la pérdida y el duelo paralelamente con la indulgencia suburbana y la llamada de la naturaleza.

LAS HORAS (The Hours)
Esta película es una de mis favoritas de mi juventud. Despertó algo en mí, pero en aquel tiempo no estaba segura de qué había sido. Ahora, por supuesto, entiendo que su retrato exacto de las mujeres y su enmascaramiento, desde una perspectiva histórica y contemporánea, es algo con lo que muchas nos identificamos. La forma en que se entrelazan las historias crea una especie de sentimiento de sinestesia.

ATÍPICO (Atypical)

La serie de Netflix refleja maravillosamente la experiencia de sobrecarga sensorial y también ilustra cómo pueden coexistir las amistades y la familia neurotípica con el trabajo para crear un sentimiento de comunidad con los neurodivergentes.

EL ÚLTIMO HOMBRE NEGRO EN SAN FRANCISCO (The Last Black Man in San Francisco)

Rodada en mi ciudad natal, San Francisco, en esta película el becario Joe Talbot, exalumno de la Facultad de Artes, plasma la sensación sentida de la cultura de la ciudad y de sus calles. Valoro especialmente la forma en que se describe al joven dramaturgo Mont, claramente neurodivergente: su sensitividad, empatía, sensibilidad artística y amabilidad son interpretadas con gran profundidad por el actor Jonathan Majors.

FROZEN 2

Esta película de animación refleja la atracción que sienten muchas personas hacia abandonar las normas sociales y encontrar una nueva comunidad por el camino, algo que fue un gran motivador cuando creé el Proyecto para la Neurodiversidad. El film representa el magenta brillante y el azul oscuro, mientras la protagonista atraviesa un mundo helado y sigue literalmente una voz que solo ella puede oír. Crea una sensación sinestésica entre la tierra y la persona. En cierto modo, también normaliza la experiencia de «oír voces» y representa dicha experiencia de un modo muy fundamentado y espiritual, que supone una apuesta valiente y hermosa para Hollywood. Creo que esta película causará un gran impacto en generaciones futuras.

LOU ANDREAS-SALOMÉ

Esta es una de las descripciones más apasionantes de la intensa curiosidad, determinación y feroz intelecto de una mujer y el modo en que los marcos sociales se fusionan para dar forma a nuestra visión de la persona, la identidad y la habilidad. Es un relato feminista fantástico del pensamiento occidental en la psicología y la filosofía.

RECORTES DE MI VIDA (Running with Scissors)

Hace tiempo que vi esta película, pero este film refleja algunos de los aspectos más duros de criarse en familias neurodivergentes. Cuando las diferencias mentales no van acompañadas de amabilidad y humildad, pueden volverse mezquinas. Muchas personas adoptan una especie de mentalidad de «gurú», que puede transformarse en narcisismo, y el efecto que puede tener en los hijos y en las familias es doloroso.

EL CASTILLO DE CRISTAL (The Glass Castle)
Esta película también describe lo que supone crecer en una familia neuro-divergente, combinado con los efectos del alcoholismo, los traumas y sus duraderas secuelas. La principal protagonista se encuentra a sí misma es-cribiendo y se establece en un mundo más neurotípico, pero, al final, en-cuentra la armonía y la síntesis de ambos mundos, perdonando a su padre. Un film entrañable.

INFINITELY POLAR BEAR
Una mezcla de temas de relaciones interraciales, clases sociales, identida-des birraciales y salud mental, esta película es un retrato tierno y realista de una familia que tiene que lidiar con los episodios bipolares del padre. Como *Capitán fantástico*, aborda el tema de la economía familiar, el desayuno, las rutinas escolares y otros temas que afectan a las familias neurodivergentes de todo el mundo.

MIS ARTÍCULOS Y ENTREVISTAS

Si quieres leer más, aquí tienes una muestra sobre mi trabajo relacionado con la salud mental, la neurodiversidad, los relatos en los medios y los cam-bios culturales.

ARTÍCULOS
«What Neurodiversity Is and Why Companies Should Embrace It». *Fast Com-pany*. https://www.fastcompany.com/40421510/what-is-neurodiversity-and-why-companies-should-embrace-it.
  Este artículo profundiza en la neurodiversidad en el trabajo, con en-trevistas y recomendaciones focalizadas en las mujeres de Silicon Valley.

«About High Sensitivity, Autism, and Neurodiversity». The Highly Sensitive Person website. https://hsperson.com/about-high-sensitivity-autism-and-neurodiversity.
  Elaine Aron me llamó para hacerme algunas preguntas sobre la forma en que el marco de la neurodiversidad conecta el autismo con el rasgo de la alta sensibilidad, y este es el blog que hicimos juntas.

«The Tiger's Journey of Nonconformity and Neurodivergence». *Quiet Revolution.* https://www.quietrev.com/tigers-journey-Nonconformity-neurodivergence.

Este artículo empezó como un *post* muy personal en Facebook para abrirme a mi familia y amigos y compartir lo que me estaba sucediendo, y luego se convirtió en un ensayo publicado, que acabó siendo *Mentes divergentes.* Un relato especial que amplía la información sobre el contexto histórico de mi propia vida.

«Why Neurodiversity Matters in Healthcare». The Aspen Institute. https://www.aspeninstitute.org/blog-posts/neurodiversity-matters-healthcare

Esta es una sesión exhaustiva de preguntas y respuestas conmigo misma sobre mi escritura, trabajo, experiencias personales y lo que me condujo al Proyecto para la Neurodiversidad.

«The Science of Awe and Why It Matters at Work». *Quiet Revolution.* https://www.quietrev.com/the-science-of-awe-and-why-it-matters-at-work

Aquí comparto parte de mi investigación sobre el asombro con mis colegas de la Universidad de Califoria, en Berkeley, así como ejemplos prácticos de cómo el asombro puede formar parte del diseño y de la vida cotidiana. El sentimiento de asombro, de maravillarse y de inmersión indudablemente tiene componentes sensoriales, y el diseño de los edificios y oficinas influye mucho en nuestro bienestar.

«How Design Is Helping Us Understand the Brain». *Fast Company.* https://www.fastcompany.com/3061887/how-design-is-helping-us-understand-the-brain.

Este artículo destaca un proyecto de los residentes de TED donde exposiciones de diseño interactivo ayudan a los visitantes a entender mejor la neurociencia.

«The Interracial Project: On media and centering interracial narratives, and biracial and multiracial identity». *Permission to Change.* https://jenara.substack.com/p/the-interracial-project.

Este ensayo combina las intersecciones de la diversidad cognitiva y la clase social, raza, barrio y comunidad, y nos aporta una instantánea de las entrevistas, incluida la de Roxane Gay y otros.

«What the Future of Psychology Looks Like». *Elemental*. https://elemental.medium.com/what-the-future-of-psychology-looks-like-5be8d6c71b38.

Este artículo de formato largo explora cómo la aceleración y la agresividad cotidianas de la vida moderna estadounidenses provoca traumas a las personas sensibles y nos fuerza a reimaginar nuestra cultura y nuestra sociedad.

«Could Diverse Suburbs Be Our Bubbles of Belonging?», *The Bold Italic*. https://thebolditalic.com/could-diverse-suburbs-be-our-bubbles-of-belonging-de34726f6384

Aquí comparto más cosas sobre mi historia personal como niña que se ha criado en San Francisco y cómo el grupo de personas increíbles con las que compartí mi tiempo acabó influyendo en la persona adulta en la que me he convertido.

ENTREVISTAS

«Finding Stillness in New York City: An Interview with Bill Hayes». Garrison Institute. https://www.garrisoninstitute.org/blog/finding-stillness-new-york-city.

Hayes es un autor y fotógrafo que ha ganado premios, pareja del conocido neurólogo Oliver Sacks. En esta entrevista, hablamos de los temas de la sensitividad y la reflexión, sobre su vida, sobre el sentimiento de pertenecer a una comunidad y a un lugar y sobre crear conexiones entre las diferentes neurodivergencias.

«The Fire of Now». Garrison Institute. https://www.garrisoninstitute.org/blog/the-fire-of-now.

En esta entrevista con Darnell Moore, autor, activista y director de inclusión de Netflix, hablamos de su salida del armario como hombre joven de color y homosexual y sobre cómo reconcilió sus distintas identidades en su comunidad espiritual. También hablamos de la liberación, la contemplación y la transformación social.

«Women Rowing North: An Interview with Mary Pipher». Garrison Institute. https://www.garrisoninstitute.org/blog/women-rowing-north-an-interview-with-mary-pipher

La terapeuta Pipher es una conocida autora de superventas que estudia el impacto de los cambios culturales importantes en sus clientes de terapia. En esta entrevista trata del tema de las mujeres que se encuentran en sus últimos años, del envejecimiento y de reformular los relatos sobre el sentido de envejecer.

«Mindful Design and Remembering that Women Are Half of Humanity». Garrison Institute. https://www.garrisoninstitute.org/blog/mindful-design-remembering-that-women-are-half-of-humanity
Esta entrevista con la autora Caroline Criado Pérez trata de las formas en que se ha excluido a las mujeres, prácticamente, de todos los aspectos de la vida, desde la planificación urbana hasta los cuidados sanitarios. Pérez plantea un reto a las lectoras para que «recuerden que somos la mitad de la humanidad».

«How to Address Gender Inequality in Health Care». UC Berkeley Greater Good Science Center. https://greatergood.berkeley.edu/article/item/how_to_address_gender_inequality_in_health_care.
Esta entrevista con la autora de *Doing Harm*, Maya Dusenbery, trata de la magnitud de los prejuicios de género en la investigación científica y el sistema sanitario.

«Does Neurodiversity Have a Future?», UC Berkeley Greater Good Science Center. https://greatergood.berkeley.edu/article/item/does_neurodiversity_have_a_future.
La entrevista con Steve Silberman, autor de *Una tribu propia*, es sobre el impacto de la política sobre las políticas y las investigaciones sobre la neurodiversidad.

«Why Marginalized Students Need Hope to Succeed». UC Berkeley Greater Good Science Center. https://greatergood.berkeley.edu/article/item/why_marginalized_students_need_hope_to_succeed.
Las necesidades de los estudiantes marginados y los estudiantes de color superdotados suelen quedar desatendidas, dice el profesor Dante Dixson en esta entrevista sobre su trabajo de propiciar el cambio en los relatos de raza, clase social y educación.

Bibliografía

Introducción

Aron, Elaine, About High Sensitivity, Autism, and Neurodiversity. *The Highly Sensitive Person*, 26 de abril de 2017. https://hsperson.com/about-high-sensitivity-autism-and-neurodiversity/.

Muzikar, Debra, Neurodiversity: A Person, a Perspective, a Movement?, *The Art of Autism*, 11 de septiembre de 2018. https://the-art-of-autism.com/neurodiverse-a-person-a-perspective-a-movement/.

Nerenberg, Jenara, The Tiger's Journey of Nonconformity and Neurodivergence. *Quiet Revolution*. https://www.quietrev.com/tigers-journey-nonconformity-neurodivergence/.

What Neurodiversity Is and Why Companies Should Embrace It. *Fast Company*, 19 de mayo de 2017. https://www.fastcompany.com/40421510/what-is-neurodiversity-and-why-companies-should-embrace-it.

Women Rowing North: An Interview with Mary Pipher, Instituto Garrison, 12 de marzo de 2019. https://www.garrisoninstitute.org/blog/women-rowing-north-an-interview-with-mary-pipher/.

Rabin, Roni Caryn, Health Researchers Will Get $10.1 Million to Counter Gender Bias in Studies. *New York Times*, 23 de septiembre de 2014. https://www.nytimes.com/2014/09/23/health/23/gender.html.

2. Reformular la sensibilidad

Acevedo, B. P., E. N. Aron, A. Aron, M. D. Sangster, N. Collins y L. L. Brown, The Highly Sensitive Brain: An fMRI Study of Sensory Processing Sensitivity and Response to Others' Emotions. *Brain and Behavior 4*, n.º 4 (2014): 580-594. doi: 10.1002/brb3.242.

American Occupational Therapy Association [Sociedad Americana de Terapia Ocupacional], Frequently Asked Questions About Ayres Sensory

Integration, 2008. https://www.aota.org/-/media/Corporate/Files/ Practice/Children/Resources/FAQs/SI%20Fact%20Sheet%202.pdf.

Aron, Elaine, Are You Highly Sensitive?, 1996. http://hsperson.com/test/ highly-sensitive-test/.

Cassani, Monica, Language of Mental Illness «Others» People: It's a Human Rights Violation. *Mad in America*, 19 de septiembre de 2017. https:// www.madinamerica.com/2017/09/language-mental-illness-others-people-human-rights-violation/.

Iacoboni, Marco, *Las neuronas espejo: empatía, neuropolítica, autismo, imitación o de cómo entendemos a los otros* (Madrid, Katz, 2009).

Rankin, Lissa, *The Anatomy of a Calling: A Doctor's Journey from the Head to the Heart and a Prescription for Finding Your Life's Purpose* [Anatomía de una vocación: el viaje de una médica desde la cabeza al corazón y la receta para hallar el propósito de tu vida]. Nueva York, Rodale, 2015.

Sensitive: The Untold Story [Sensibles: la historia no contada]. Documental dirigido por Will Harper. The Global-Touch Group, 2015.

3. El autismo, la sinestesia y el TDAH

Acevedo, B. P., E. N. Aron, A. Aron, M. D. Sangster, N. Collins y L. L. Brown, The Highly Sensitive Brain: An fMRI Study of Sensory Processing Sensitivity and Response to Others' Emotions. *Brain Behavior* 4, n.º 4 (2014): 580-594. doi: 10.1002/brb3.242.

Aron, Elaine, About High Sensitivity, Autism, and Neurodiversity. *The Highly Sensitive Person*, 26 de abril de 2017. https://hsperson.com/ about-high-sensitivity-autism-and-neurodiversity/.

4. El «trastorno» del procesamiento sensorial

Alérgica al sonido, Understanding Misophonia, Misokinesia, and Sensory Processing Disorder. https://www.allergictosound.com.

iLS: Integrated Listening Systems. The Safe and Sound Protocol: What Is the SSP? https://integratedlistening.com/ssp-safe-sound-protocol/.

Kanter-Brout, Jennifer Jo, What Is Misophonia?, Instituto STAR para el Trastorno del Procesamiento Sensorial. https://www.spdstar.org/ basic/misophonia.

Instituto STAR para el Trastorno del Procesamiento Sensorial, About SPD. https://www.spdstar.org/basic/about-spd.

5. El bienestar

Devlin, Hannah, Autistic People Listen to Their Hearts to Test Anti-Anxiety Therapy. *The Guardian*, 14 de diciembre de 2018. https://www.theguardian.com/society/2018/dec/14/pioneering-therapy-for-autistic-people-with-anxiety-undergoes-clinical-trial.

Porges, Stephen W., *La teoría polivagal: cómo unirse al ritmos de la regulación* (Barcelona, Eleftheria, 2021).

6. El hogar

Ehrenreich, Barbara, *Una historia de la alegría* (Barcelona, Paidós, 2008).

Conclusión

Adams, Seth, What Does Wilderness Sound Like?, *High Country News*, 9 de noviembre de 2018. https://www.hcn.org/articles/photos-what-does-wilderness-sound-like-alaska.

Aron, Elaine, About High Sensitivity, Autism, and Neurodiversity. *The Highly Sensitive Person*, 26 de abril de 2017. https://hsperson.com/about-high-sensitivity-autism-and-neurodiversity/.

Kish, Daniel, How I Use Sonar to Navigate the World. *TED*, 2015. https://www.ted.com/talks/daniel_kish_how_i_use_sonar_to_navigate_the_world/discussion?langua.

McNamara, Shannon, Coming Out as Human. *FemInEm*, 7 de enero de 2019. https://feminem.org/2019/01/07/coming-out-as-human/.

Metz, Rachel, The Smartphone App That Can Tell You're Depressed Before You Know It Yourself. *MIT Technology Review*, 15 de octubre de 2018. https://www.technologyreview.com/s/612266/the-smartphone-app-that-can-tell-youre-depressed-before-you-know-it-yourself.

1440 Multiversity, Highly Sensitive and Neurodivergent: Nervous System Healing for All. https://1440.org/programs/self-discovery/highly-sensitive-and-neurodivergent/.

Sacks, Alexandra, A New Way to Think About Motherhood. *TED*, mayo de 2018. https://www.ted.com/talks/alexandra_sacks_a_new_way_to_think_about_the_transition_to_motherhood?language=en.

Saks, Elyn, *The Center Cannot Hold: My Journey Through Madness* [El centro no puede contenerlo: mi viaje a través de la locura], (Nueva York, Hachette, 2007).

Scott, Louise, Sensory Backpacks to Help People with Autism at Fringe. *STV News*, 27 de julio de 2018. https://stv.tv/amp/1424895-sensory-backpacks-to-help-people-with-autism-at-fringe.

Notas

Introducción

1. Maria Yagoda, ADHD Is Different for Women, *The Atlantic*, 3 de abril de 2013, https://www.theatlantic.com/health/archive/2013/04/adhd-is-different-for-women/381158/; Apoorva Mandavilli, The Lost Girls, *Spectrum*, 19 de octubre de 2015, https://www.spectrumnews.org/features/deep-dive/the-lost-girls/.

2. Jenny Anderson, Decades of Failing to Recognize ADHD in Girls Has Created a 'Lost Generation' of Women, *Quartz*, 19 de enero de 2016, https://qz.com/592364/decades-of-failing-to-recognize-adhd-in-girls-has-created-a-lost-generation-of-women/.

Capítulo 1

1. Elaine Showalter, *The Female Malady: Women, Madness and English Culture, 1830-1890* (Nueva York: Pantheon, 1986), p. 3.
2. Showalter, *Female Malady*, p. 4.
3. Robert Whitaker, *Mad in America: Bad Science, Bad Medicine, and the Enduring Mistreatment of the Mentally Ill* (Cambridge: Basic Books, 2002), p. 29.
4. Showalter, *The Female Malady*, p. 7.
5. Gary Greenberg, *The Book of Woe: The DSM and the Unmaking of Psychiatry* (Nueva York: Penguin, 2013), p. 17.
6. *Ibid.*, p. 7.
7. *Ibid.*, pp. 63-64.
8. *Ibid.*, p. 40.
9. Phyllis Chesler, *Women and Madness: When Is a Woman Mad and Who Is It Who Decides?* (Nueva York: Doubleday, 1972), p. 263.
10. *Ibid.*, p. 263.
11. Greenberg, *The Book of Woe*, p. 8.
12. *Ibid.*, p. 21.

Capítulo 2

1. Elaine Aron, *The Highly Sensitive Person: How to Thrive When the World Overwhelms You* (Nueva York: Citadel, 1996), p. xiii.
2. *Ibid.*, p. 4.
3. World Health Organization, Mental Disorders Affect One in Four People, 4 de octubre de 2001, https://www.who.int/whr/2001/media_centre/press_release/en/.
4. Maya Dusenbery, *Doing Harm: The Truth About How Bad Medicine and Lazy Science Leave Women Dismissed, Misdiagnosed, and Sick* (Nueva York: HarperOne, 2018), p. 3.
5. Angela Saini, *Inferior: How Science Got Women Wrong —and the New Research That's Rewriting the Story* (Boston: Beacon, 2017), p. 43.
6. Howard C. Hughes, *Sensory Exotica: A World Beyond Human Experience* (Cambridge: MIT Press, 2001), p. 7.
7. *Ibid.*, p. 9.
8. *Ibid.*, p. 10.

Capítulo 3

1. Samantha Craft, Females and Aspergers: A Checklist, *The Art of Autism*, 14 de agosto de 2018, https://the-art-of-autism.com/females-and-aspergers-a-checklist/.
2. Hanna Rosin, Alix Spiegel y Lulu Miller, Entanglement, *Invisibilia*, 30 de enero de 2015, https://www.npr.org/programs/invisibilia/382451600/entanglement.
3. Michael J. Banissy, Lúcia Garrido, Flor Kusnir, Bradley Duchaine, Vincent Walsh y Jamie Ward, Superior Facial Expression, But Not Identity Recognition, in Mirror-Touch Synesthesia, *Journal of Neuroscience 31*, n-º 5 (2011): 1820-1824, doi:10.1523/jneurosci.5759-09.2011; Michael J. Banissy y Jamie Ward, Mirror-Touch Synesthesia Is Linked with Empathy, *Nature Neuroscience 10*, n.º 7 (2007): 815-816, doi: 10.1038/nn1926; L. Maister, E. Tsiakkas y M. Tsakiris, I Feel Your Fear: Shared Touch Between Faces Facilitates Recognition of Fearful Facial Expressions, *Emotion 13*, n.º 1 (2013): 7-13.
4. Marco Iacoboni, *Mirroring People: The New Science of How We Connect with Others* (Nueva York: Farrar, Straus, and Giroux, 2008), p. 9.
5. *Ibid.*, p. 11.
6. J. K. Kern, M. H. Trivedi, C. R. Garver, B. D. Grannemann, A. A. Andrews, J. S. Savla, D. G. Johnson, J. A. Mehta y J. L. Schroeder, The Pattern of Sensory Processing Abnormalities in Autism, *Autism 10*, n.º 5 (2006): 480-494, doi: 10.1177/1362361306066564.

7. P. Shaw, A. Stringaris, J. Nigg y E. Leibenluft, Emotion Dysregulation in Attention Deficit Hyperactivity Disorder, *American Journal of Psychiatry 171*, n.º 3 (2014): 276-293.

Capítulo 5

1. Duane P. Schultz y Sydney Ellen Schultz, *A History of Modern Psychology*, 11.ª ed. (Boston: Cengage, 2015), p. 22.
2. *Ibid.*, p. 22.
3. Susan Mayor, Noise Pollution: WHO Sets Limits on Exposure to Minimise Adverse Health Effects, *BMJ 2018*, 363:k4264; World Health Organization, Environmental Noise Guidelines for the European Region (2018), http://www.euro.who.int/en/publications/abstracts/environmental-noise-guidelines-for-the-european-region-2018; Nina Avramova, Noise: The Other Pollution Hurting Our Health, *CNN*, 9 de octubre de 2018, https://www.cnn.com/2018/10/09/health/who-noise-guidelines-intl/index.html.

Capítulo 6

1. Michael Kimmelman, At This Museum Show, You're Encouraged to Follow Your Nose, *Nueva York Times*, 19 de abril de 2018, https://www.nytimes.com/2018/04/19/arts/design/the-senses-review-cooper-hewitt.html.
2. Design as Therapy: A Whole New Approach, *Healthy Building Science*, 29 de septiembre de 2016, https://healthybuildingscience.com/2016/09/28/design-as-therapy-a-whole-new-approach/.

Capítulo 7

1. Quiet Revolution: Unlocking the Power of Introverts, https://www.quietrev.com; SAP, Diversity and Inclusion, Differently Abled People, https://www.sap.com/corporate/en/company/diversity/differently-abled.html; Microsoft, Our Inclusive Hiring Programs, https://www.microsoft.com/en-us/diversity/inside-microsoft/cross-disability/hiring.aspx.
2. Barbara Harvey, What Companies Can Do to Help Employees Address Mental Health Issues, *Harvard Business Review*, 18 de diciembre de 2018, https://hbr.org/2018/12/what-companies-can-do-to-help-employees-address-mental-health-issues.
3. Sarah Kurchak, The Stories We Don't Tell: My Mom on Raising an Autistic Child and Why She'll Never Write About Me, *Medium*, 6 de marzo de 2018, https://medium.com/@sarahkurchak/the-stories-

we-dont-tell-my-mom-on-raising-an-autistic-child-and-why-she-ll-never-write-about-me-79ca1d688626.

Conclusión

1. Rediet Abebe, Why AI Needs to Reflect Society, *Forbes*, 29 de noviembre de 2018, https://www.forbes.com/siteds/insights-intelai/2018/11/29/why-ai-needs-to-reflect-society.

2. Mia Dand, 100 Brilliant Women in AI Ethics to Follow in 2019 and Beyond, *Becoming Human: Artificial Intelligence Magazine*, 29 de octubre de 2018, https://becominghuman.ai/100-brilliant-women-in-ai-ethics-to-follow-in-2019-andbeyond-92f467aa6232.

3. Matthew Hutson, Beyond the Five Senses, *The Atlantic*, julio/agosto de 2017. https://www.theatlantic.com/magazine/archive/2017/07/beyond-the-five-senses/528699/.

4. Ann Sussman y Katie Chen, The Mental Disorders That Gave Us Modern Architecture, *Common Edge*, 22 de agosto de 2017, http://commonedge.org/the-mental-disorders-that-gave-us-modern-architecture/; Stuart Shell, Why Buildings for Autistic People Are Better for Everyone, *Forte Building Science*, https://network.aia.org/HigherLogic/System/DownloadDocumentFile.ashx?DocumentFileKey=3fff74f0-6418-8e5f-00ed-4ebeb38eabd8&forceDialog=0.

5. Kim Velsey, Autism Informed the Entire Design of This Revolutionary Boarding School, *Architectural Digest*, 3 de abril de 2018, https://www.architecturaldigest.com/story/shrub-oak-international-school.

6. Tara Drinks, NBA Creating Sensory Rooms at More Than Half Its Arenas, *Understood*, 4 de mayo de 2018, https://www.understood.org/en/community-events/blogs/in-the-news/2018/05/04/nba-creating-sensory-rooms-at-over-half-of-its-arenas.

7. Montreal Museum Partners with Doctors to 'Prescribe' Art, *BBC News*, 26 de octubre de 2018, https://www.bbc.com/news/world-us-canada-45972348; George Musser, How Virtual Reality Is Transforming Autism Studies, *Spectrum*, 24 de octubre de 2018, https://www.spectrumnews.org/features/deep-dive/virtual-reality-transforming-autism-studies/; Zusha Elinson, When Mental-Health Experts, Not Police, Are the First Responders, *Wall Street Journal*, 24 de noviembre de 2018, https://www.wsj.com/articles/when-mental-health-experts-not-police-are-the-first-responders-1543071600.

Índice temático